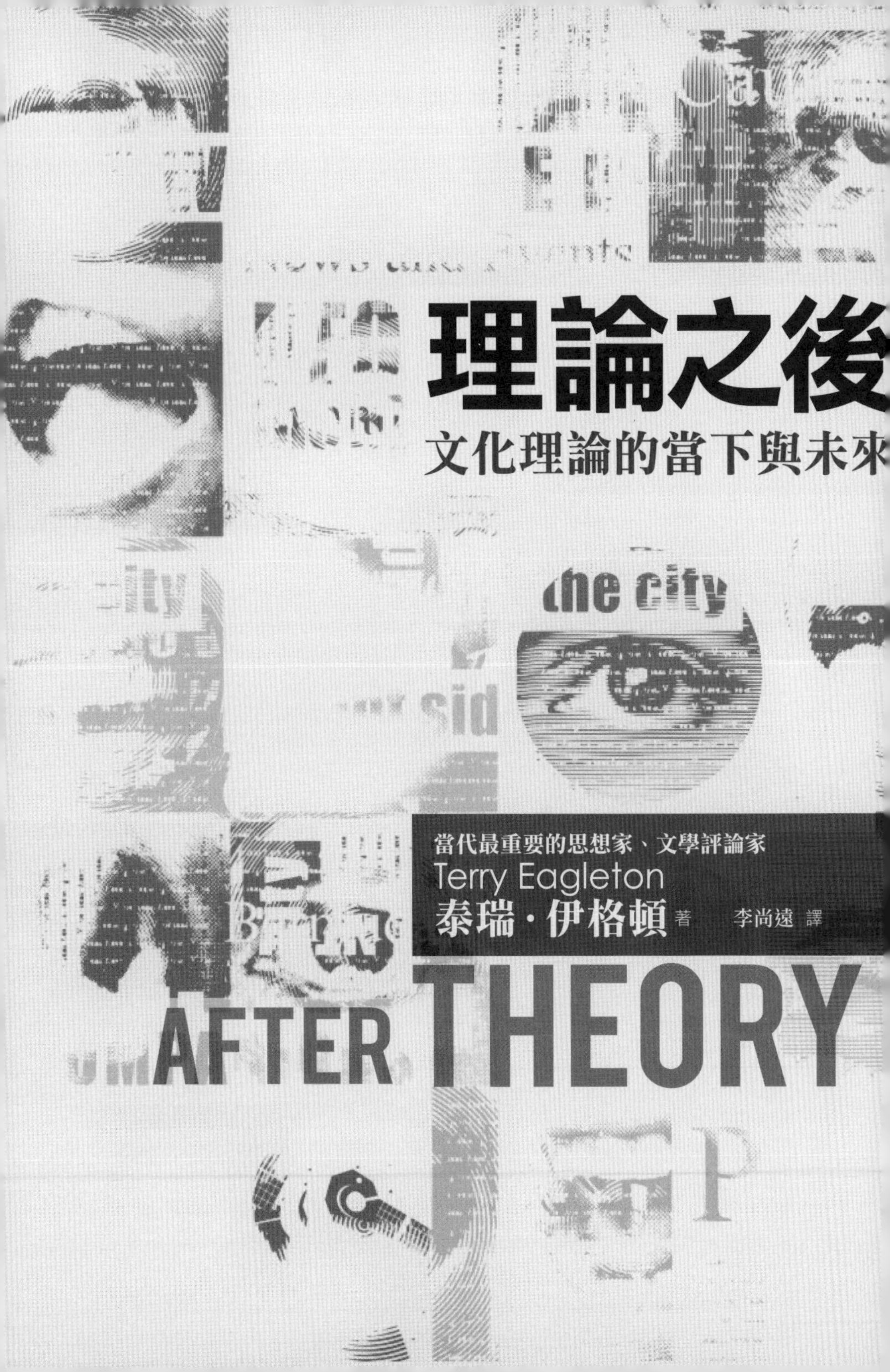

理論之後

文化理論的當下與未來

當代最重要的思想家、文學評論家

Terry Eagleton

泰瑞·伊格頓 著　　李尚遠 譯

AFTER THEORY

〈專文推薦〉

理論之後，狂歡之後？

After Theory, After Orgy?

林志明

「如果有讀者看到本書的書名，以為『理論』現在已經結束了，我們全都可以就此鬆一口氣，重返理論之前的天真歲月，這些讀者將會失望。」作者在本書一開始即鄭重地如此昭告讀者。那麼這本書的書名既然可能引起誤會，為何作者仍要如此命名？因為這句話出自本身曾以探討文學理論出名的Terry Eagleton，它是戲劇性效果十足的。但是了解Eagleton最近著作方向的讀者，卻不會感到意外。

理論之後的時代，是否意謂著理論思考的結束？是否我們更將著重實踐、經驗、直覺和感情？重新回到人文和科學的明顯對立，互不了解的美好時代（不再懷有「人文科學」的擾人之夢）？顯然並非如此。作者平靜地說：「如果理論意謂著對我們的引導性預設進行合理的系統性反思，那麼，理論一如往常，仍是無可或缺的。」「理論之後」中的理論，顯然意謂著更特殊的事物。而且這句話有點像是「激情之後」、「狂歡之後」，帶著點清醒中的悵惘。「理論之後」意謂著大寫的「理論」（Theory，跨界而無以限之；對某些人，這尤其指法國理論〔French Theory〕），或是理論創造的高峰期（high theory）之後。是的，著名理論家皆已紛紛謝世，而本書的第一個句子是由一長串的逝世英雄的名字所串連而成：拉岡、阿圖塞、巴特、傅柯（其中的長老李維史陀是個例外）。後繼名單中，布赫迪厄和德希達也在最近相繼往生。

除了這個事實性的陳述之外（理論是上一個世代的玩意兒），Eagleton所謂的理論之後，更意謂著他所稱呼為「文化理論」的總合性失敗或不合時宜。在他上一本著作《文化的理念》（2000）中，Eagleton早已指出，文化之所以成為現代時期的主要關注問題，乃是因為一連串的原因，包括商業化組織的大眾文化首度出現，對文明價值的存續產生了嚴重威脅、文化被標舉為宗教信仰退潮的出路；而在後現代時期，全球化過程中的族群移動帶來了認同危機、同時晚期資本主義也以吸收文化和美感元素作為其自我更新的手段。對於左派的知識份子而言，跨越這兩個時期的共同關懷，更有因為以階級概念為中心的政治作為出現停滯或帶來可怕後果的變質，於是文化政治便成為新一波的抗爭形式。

將理論問題轉化為文化問題，並且也說明了它的由來之後，Eagleton忍不住要說的是，文化問題的重要性受到了後現代主義者的高估。但他並不以低估文化理論的成就來做新問題開展的墊腳石。對於性急的讀者，我建議他們可以由第四章「文化理論的得與失」開始讀起。「理論之後」對於Eagleton意謂著一個清醒時期的到來，但這不表示在理論高漲的時代裡，我們只是沉醉；「理論之後」的清醒和距離，使得我們可以更準確、更平靜地對它加以估量。

理論有什麼好處呢？前面所累積的大量理論曾有什麼面向至今已被視為斬獲，而不必加以推翻或重估呢？首先，而這也是最明顯、最具共識的，理論的反省使得我們不再認為藝術詮釋只有一種所謂正確的方式；詮釋的多樣性和意義的可流動性被保留了下來，而重點便在於作品諸多特色的選擇，何者將是時代中被視為合題或重要的面向。再者，諸種理論也無不在訴說作者地位的去中心化，也就是藝術品生產過程的複雜性，絕不是作者所能單一控制或把作者意圖或生平高舉為意義單一來源而能知悉的。於是我們對作品中的權力運作更為敏感，也更敏銳於它們和特定時空的密切但繁複的關係。藝術或文化產品有其物質脈絡，其中很大程度根植於悲慘與剝削之上，但「我們也逐漸了解到，廣義的文化可以是個舞台，而無所依憑的人們可以在這個舞台上發掘共享的意義，確認一種共有的認同」。

雖然文化問題有這樣的重要性和時代性，文化理論所提出的解答方向也有許多珍貴的貢獻和成就，但它們仍在當今的時刻中顯露輕佻和不足的一面。說它輕佻，那是因為有許多當前的問題過度沉重而不能僅以文化問題視之。Eagleton 在《文化的理念》（2000）一書書末即已發出警訊：「新的千年伊始，我們所面臨的主要問題——戰爭、饑荒、貧窮、疾病、債務、藥物、環境污染、人群的流動——並不特別是『文化』問題。」他認為這些其實是人類自始所一直面對的物質問題。新千年紀元數年過去之後，在後九一一氣氛中（是的，這是眾多後九一一氛圍書籍中的一本），他更認為，對於許多其實是超越文化——尤其當文化只被了解為一種特殊的生活方式——的重要問題，至今累積的文化理論其實未能充分回答。這些問題包括道德與形上學、愛、我們的生物性、宗教和革命、邪惡、死亡和痛苦，甚至真理、客觀和正義。「理論之後」此時又意謂著狂歡和高潮之後的空虛。空虛悵惘更甚於平靜和悠然，逼人而來的乃是許多迫切和沉重的問題。

帶著一點反理論的色彩，Eagleton 以散論（essay）的方式寫下他對這些人類基本問題的反省，有時字字珠璣，有時尖銳中不失幽默。這不是一篇宣稱偉大歷史新頁已然展開的誇大宣言，而是冷靜觀察者經過反省後的再出發。他衝破了理論積累之後所形成的批判主義弔詭藩籬，回到上古哲學（亞里斯多德）和我們共有的身體，並且直接面對了當前的政治問題如基本教義派和邪惡的存在，提醒許多仍在沉醉中的學習者，當前事務的狀態和其中可能存有的思想出路。這是一本值得好好咀嚼的適時之書。

（本文作者為國立臺北教育大學藝術與造形設計學系教授）

前言

這本書的主要對象，是對文化理論（cultural theory）現狀有興趣的學生與一般讀者。不過，對該領域的專家而言，我希望它也會是本有用的著作，特別是因為這本書對我所認為的當下「正統」文化理論乃是採取反對的立場。在回應我們所處的政治局勢上，我相信這些正統理論並未盡力徹底地處理必須加以回答的問題；我將會解釋我如此認為的原因，並提出補救之道。

彼得・都斯（Peter Dews）對本書的部分初稿提出深具啟發的評論，特別在此向他表達謝意。已辭世的賀伯特・麥克卡伯（Herbert McCabe）對我論證的影響更是無所不在。

泰瑞・伊格頓

都柏林

目次

隨著大型產業變得更具「文化性」，也就是說，比以前更加仰賴形象、包裝與展示，文化產業於是搖身一變而成為大型產業。

對某些文化思想家而言，倫理學應當從平凡無奇的生物學領域提升至某種比較難解與神祕的領域。依據這樣的觀點，唯物的倫理學並不真的存在。

倫理學的確是關於重大的、改變生命的遭遇以及日常生活的。它是關於光輝的雲彩「以及」餵養飢餓者。只不過這些思想家大體上偏好莊嚴的事物，而不是塵世的事物。如同阿多諾所言：「溫柔只存在於最粗鄙的需求中：沒有人必須再挨餓。」

最偉大的英國哲學家大衛・休謨（David Hume）指出，當他望向他的心靈時，他找不到任何全然屬於他自己的東西，他只能找到對其他東西的察覺或知覺而已。此外，由於我們是歷史的動物，所以我們永遠處於「成為」的過程中，始終在我們自己之前。因為我們的生命是一個計畫，而不是一連串的當下片刻，所以我們永遠無法獲致像一隻蚊子或一把耙子一樣的穩定同一性。

第一章

失憶的政治

The Politics of Amnesia

文化理論的黃金時代已成過去。賈克・拉岡（Jacques Lacan）、克勞德・李維史陀（Claude Levi-Strauss）、路易・阿圖塞（Louis Althusser）、羅蘭・巴特（Roland Barthes）與米歇爾・傅柯（Michel Foucault）等人首開先河的作品距今已有數十年之久。雷蒙・威廉斯（Raymond Williams）、露絲・伊瑞葛萊（Luce Irigaray）、皮耶・布赫迪厄（Pierre Bourdieu）、茱利亞・克莉絲蒂娃（Julia Kristeva）、賈克・德希達（Jacques Derrida）、伊蓮納・希蘇（Helene Cixous）、尤根・哈伯瑪斯（Jürgen Habermas）、菲德烈・詹明信（Fredric Jameson）與愛德華・薩依德（Edward Said）早期深具開創性的作品亦復如此。自此，文化理論並未出現太多可以和這些國父國母的野心與原創性一較高下的作品；其中幾位思想家甚至已經離開人世。命運讓一輛巴黎的洗衣車碾過巴特，讓傅柯罹患愛滋病；命運也取走了拉岡、威廉斯與布赫迪厄的性命，使得阿圖塞因為殺妻而被關進精神病院。看來，上帝似乎不是一個結構主義者。

這些思想家發展出來的許多概念在今日仍然具有無可比擬的重要性，之中的幾位思想家也仍然繼續發表深具影響力的著作。如果有讀者看到本書的書名，以為「理論」現在已經結束了，我們全都可以就此鬆一口氣，重返理論之前的天真歲月，那麼這些讀者可能要失望了。我們不可能重回一個只消說「約翰・濟慈（John Keats）的作品令人愉快」或是「約翰·彌爾頓（John Milton）流露著堅毅的精神」便已足夠的時代。「理論之後」並不是說整個文化理論是個糟糕透頂的計畫，不過，還好現在出現了一個好心人，表示一切都結束了，我們又可以回到那個地平線上望不到費迪南·德·索緒爾（Ferdinand de Saussure）的世界，做以前所做的事情。如果「理論」所意謂的，乃是對引導我們的假設進行合理的系統性反思，那麼，它仍然如往常般不可或缺。「理論之後」所意謂的，是我們現在處於所謂理論發展高峰期（high theory）的餘緒，在某些方面，我們已逐漸遠離因為出現阿圖塞、巴特與德希達等思想家的洞見而富饒的時代。

繼這些開路先鋒而起的新一代思想家所做的事情，正是後繼者通常會做的事情。他們進一步發展原本的概念，將之豐富化、進行批判，並加以運用。有能力的，對女性主義與結構主義進行思考；沒能力的，將之運用在《白鯨記》（*Moby-Dick*）或《魔法靈貓》（*The Cat in the Hat*）的分析上。無論如何，新一代並沒有提出什麼屬於自己的重要概念。前輩的典範顯然太過崇高，難以仿效。當然，只要有時間，新世紀應該也會產生自己的大師。不過，至少在目前，我們仍仰賴著過去大師的鼻息；然而，從傅柯與拉岡開始坐在打字機前到現在，這個世界已經經歷了深遠的變化。在這個新時代裡，究竟需要哪種新穎的思考方式？

在我們可以回答這個問題之前，我們必須先了解自己的處境。結構主義、馬克思主義、後結構主義以及其他類似的思想，已經不再如過去般是個性感的題材。在今日，真正性感的主題是「性」。在學院裡，對法式親吻的迷戀已經取代了對法國哲學的興趣。在某些文化圈子裡，自慰的政治比中東的政治更令人沉迷。性虐待戰勝了社會主義。對文化理論學者而言，身體是一個永不褪流行的主題，不過，他們的焦點通常是會感受情慾的身體，而不是會感到飢餓的身體；是交媾中的身體，而不是勞動中的身體。輕聲細語的中產階級學生勤奮地聚集在圖書館裡，努力研究著聳動的題材，例如吸血鬼、挖眼球、半機械人或色情電影。

一切再明顯不過了。研究乳膠的文學[1]或肚臍環的政治意涵，是完全按照一句古老且深具智慧的箴言字面上的意義——學習應該是充滿樂趣的；就像你可以選擇「全麥威士忌的口味比較」或「躺在床上終日的現象學」作為碩士論文的主題。於是，智識生活與日常生活之間不再有任何罅隙。不用從電視機前離開便能寫出你的博士論文是有很多好處的。搖滾樂在過去是種讓你從研究中解脫的娛樂，不過它現在很有可能正是你所研究的東西。智識事務不再侷限於象牙塔內，而是屬於媒體與購物商場、臥房與妓院的世界。如此一來，智識生活再次回到日常生活；只不過是冒著失去對日常生活進行批判的能力的風險罷了。

1　譯注：乳膠（latex）在英文裡往往帶有性的意涵。

在今天，研究彌爾頓作品中之典故的老頑固，瞧不起沉浸在亂倫與電腦女性主義的激進份子；著手論述戀腳癖或男性緊身褲褲前飾袋史的年輕學者，則帶著懷疑的眼光望著膽敢主張珍．奧斯汀（Jane Austen）比傑佛瑞．亞契（Jeffrey Archer）[2]來得偉大的老學究。學術正統一個接著一個被取代。在過去，如果你無法看出羅伯特．赫里克（Robert Herrick）[3]作品中的轉喻，你常去的學生酒館很可能就會把你趕出去；在今日，光是聽過轉喻這種東西，或是曉得有赫里克這號人物，你就已經會被當作是無可救藥的書呆子。

性慾的瑣碎化是特別反諷的，因為文化理論最大的成就之一，就是使得性別與性慾成為正當的研究對象，並指出它們在政治上所具有的持續重要性。幾個世紀以來，智識生活都暗自假設人類是沒有性器官的，這實在令人驚奇（過去的知識份子好像也覺得人是沒有胃的。如同伊曼紐爾．勒維納斯〔Emmanuel Levinas〕在論及馬丁．海德格〔Martin Heidegger〕的崇高概念「此存有」〔Dasein，意指一種特屬人類的存在〕時所說的：「此存有不吃東西。」）。弗里德利希．尼采（Friedrich Nietzsche）曾說，每當有人草率地提及人類是有兩種需求的皮

2 譯注：前英國保守黨副主席，同時也是著名的懸疑小說作家。
3 譯注：西元一五九一—一六七四年，英國詩人。

囊與一種需求的頭時，知識的愛好者就該小心提防。隨著歷史的進步，性慾現在已經被學術生活確立為人類文化的基石之一。我們終於承認，在人類的存在中，關於幻想與欲望的部分和關於真理與理性的部分是不相上下的。只不過，文化理論的現狀，就好像是個獨身禁欲多年的中年教授，忽然漫不經心地發現了性的存在，並瘋狂地希望能夠彌補過去流失的歲月。

文化理論的另一項歷史成就是確立大眾文化是值得研究的。除了極少數的例外，過去數世紀以來的學者向來都對普通人們的日常生活視而不見。說得更明確一點，被忽略的不只是「日常」，而是「生活」本身。不久前，在某些傳統派的大學裡，你連想對尚未作古的作者進行研究都是件不可能的事。所以，如果你想研究的小說家健壯如牛，或是只有三十四歲，你就會很想在某個月黑風高的晚上往他們的胸口刺上一刀，不然，你就得測試自己的耐性究竟可以等到什麼地步。因此，你當然不能對日常周遭所見的各種事物進行研究，因為光是在界定上，它們就已經被排除在值得研究的範圍之外。絕大多數人文學科認定值得研究的事情都是不可見的，例如斯湯達爾（Stendhal）、主權的概念，或是萊布尼茲（Leibniz）所提出之原子價概念的幽微與簡潔，而不是可見的，例如剪指甲或是傑克·尼柯遜（Jack Nicholson）。在今日，日常生活已經被廣泛地認定為是十分複雜、難測、曖昧的，有時甚至和華格納（Wagner）一樣乏味，所以當然是重要到值得加以探究。在過去，對某項主題是否值得研究的判準，通常是它有多無聊、單調與難懂。不過，在今天某些學術圈裡，是否值得研究的判準卻是它是否為你與朋友們在晚上會進行的活動。有段時間，學生就福婁拜（Flaubert）寫欠缺批判性、滿懷敬意的文章，不過，一切已經改觀；現在他們就《六人行》（*Friends*）寫欠缺批判性、滿懷敬意的文章。

即便如此，性慾與大眾文化成為正統研究對象的成就還是終結了一個有力的迷思：它有助於推翻清教徒的教條——嚴肅與愉悅是兩回事。清教徒錯把愉悅當成輕佻，因為他們錯把嚴肅當作虔敬。因此，愉悅不在知識領域之內，從而具有危險的無政府色彩。依據這種看法，「研究」愉悅必須像以化學分析香檳的方式來進行，而不是直接把它喝下去。清教徒無法看出愉悅與嚴肅在這種意義下的關連：為更多的人找出生活如何可以更加愉悅的方式，是一件嚴肅的事情。在傳統上，這樣的論述屬於道德論述；不過，這同樣可以稱之為「政治」論述。

然而，儘管是像愉悅這種對當代文化再熱門不過的字眼，仍然有其侷限性。找出使生活更加愉悅的方法，並不永遠是件愉悅的事。如同所有的科學探究，它需要耐性、自我節制以及不為厭煩所耗竭的能力。無論如何，擁抱愉悅作為終極現實的享樂主義者往往只是個全然反叛的清教徒。兩者通常都對性執迷不已；兩者都把真理等同為誠懇。老式的清教資本主義禁止我們享樂，因為一旦嚐到甜頭，我們可能就再也不會回到工廠。西格蒙德．佛洛伊德（Sigmund Freud）指出，若非有他所謂的現實法則（reality principle），我們就會終日閒躺著，處於各種可恥的原樂（jouissance）狀態之中。不過，一種更機靈、消費式的資本主義則說服我們盡情耽溺於感官之中，盡可能厚顏地滿足自己。如此一來，我們不僅會消費更多商品，我們更會將自身的自我實現等同為資本主義體系的永續。任何未能在感官歡愉的耽溺中達到高潮的人，一個稱之為超我（superego）的凶悍流氓將會在深夜拜訪他，給予他因未能享樂而應得的殘忍懲罰——罪惡感。不過，由於這個流氓也會因為我們盡情享樂而懲罰我們，所以我們還是接受必定會發生的事，然後盡情享樂一番吧。

所以，愉悅本身並沒有什麼固有的顛覆成分。相反地，正如卡爾．馬克思（Karl Marx）所了解的，愉悅是個徹底的貴族式信條。傳統的英國仕紳對於令人不悅的勞動是如此嫌惡，以致於他們連把話講清楚都不願意。所以，貴族在說話時是含糊不清、無精打采的。亞里斯多德（Aristotle）認為，作為一個人，必須要經過恆常的練習才能臻於完美，就像學習迦泰隆尼亞語或演奏風笛一樣；不過，如果一位英國紳士是具有德行的（有時他是命定如此），那麼，他的良善是純然自發的。道德努力是只有商人和店員才需要。

在世界上有半數人口缺乏適當的衛生設備，而且每天只靠不到兩美元過活的情形下，並不是所有的文化理論學者都浸淫在西方世界的自戀中，忙著分析陰毛的歷史。的確，當下文化理論最為蓬勃的部分，乃是所謂的後殖民研究；它所處理的正是這些悲慘的境況。如同性別與性慾的論述，後殖民論述是文化理論最寶貴的成就之一。然而，這些關於後殖民的概念卻是在新一代、想不起任何撼動世界的重要政治事件（這並不是他們的錯）的學者中發展出來的。在所謂的「反恐戰爭」（war on terrorism）到來之前，對這一輩的年輕歐洲人而言，似乎除了歐元的出現外，就沒有什麼重要的事情值得向兒孫訴說。在一九七〇年代之後的荒涼保守主義時期，歷史感變得日益魯鈍，這也適合掌權者希望我們應該具備的態度：除了當下的情形外，我們無法想像任何其他的可能。未來看似只是當下無盡的重複，或者，如後現代主義者所言，未來是「有著更多選項的當下」。目前，有一些虔誠地堅持一切都必須加以「歷史化」的人，他們認為只要是發生在一九八〇年以前的事，都屬於古代史。

當然，活在一個有趣的時代，是有好有壞的。可以回想起納粹大屠殺，或是曾經經歷過越戰，絕對不是件特別令人感到快慰的事情。當你每個週末都有可能在海德公園裡被警察打碎頭骨時，對幸福的日子進行哀悼並沒有太大的意義。至少對政治左派而言，回想撼動世界的政治歷史，等於是去回想一個大多時刻都充滿挫敗的歷史。無論如何，全球政治中一個嶄新而猙獰的階段已經開啟，即使是最深居簡出的學院人士都無法忽視它的到來。即便如此，真正帶來最多傷害的，是對集體、實際政治行動的失憶（至少在反資本主義運動出現之前是如此）。就是這種失憶，使得諸多當代文化理論概念歪曲走樣。有個歷史漩渦在我們的思想核心中旋轉著，從而使得文化理論荒腔走板。

儘管我們所熟知的世界有著穩固堅實的外貌，但其實它的絕大部分都是最近才成形的。第二次世界大戰以後，革命民族主義橫掃全球，其浪潮席捲世界，將一個接一個的國家從西方殖民主義的手中解放出來。同盟國在第二次世界大戰中所進行的鬥爭，本身就是一次人類歷史上史無前例的成功集體行動；它粉碎了歐洲內部惡毒的法西斯主義，藉此為今日世界奠定了某種程度的基礎。我們所見之全球社群的絕大部分，亦是十分晚近才透過集體的革命計畫而成形的；這些計畫大多是由弱勢、挨餓的人們發動，即便如此，他們還是成功地驅逐了掠奪成性的外來統治者。事實上，那些革命所瓦解的西方帝國本身大多即是革命的產物。它們是所有革命中最成功的，而它們就是那些我們忘記曾經發生過的革命。通常，那也就是製造出像你我這樣的人的革命。別人的革命總是比我們的革命要來得耀眼。

不過，發動革命是一回事，將它維持下去卻是另外一回事。的確，對二十世紀最傑出的革命領導者而言，原本孕育出革命的事物，也是導致革命最終失敗的原因。弗拉基米爾・列寧（Vladimir Lenin）認為，沙皇俄國的落後程度有助於布爾什維克（Bolshevik）革命的成功。俄羅斯是一個缺乏公民組織的國家，無法確保公民對國家的忠誠，因此能防止政治叛變。它是中央集權的，不是地方分權的；它仰賴的是強制力，而不是共識。由於它的權力集中在國家機器，因此，要將它推翻，只需一舉奪下主權。然而，一旦革命成功後，這樣的貧窮與落後反而使得革命走向失敗。在經濟落後以及四周環伺著強大而充滿敵意的政治強權的環境裡，再加上有一群既欠缺社會組織與民主自治傳統，又缺乏專門技術與教育的勞工和佃農的情形下，社會主義是無法建立的。因此，為了達成建立社會主義的目標，需要史達林主義（Stalinism）的鐵腕政策；而史達林主義最終顛覆了一切社會主義原本所試圖建立的事物。

許多在二十世紀從西方殖民統治解放的國家也遭逢類似的命運。這是一種悲劇性的反諷；在最需要社會主義的地方，社會主義卻是最不可能成功的。的確，後殖民理論最初是從第三世界國家失敗的革命中出現的。它的出現，標示了第三世界革命時代的結束，也標示了我們現今理解為全球化現象的第一個徵兆。在一九五〇年代與一九六〇年代，一連串由民族主義中產階級所帶領的解放運動，以政治主權與經濟獨立之名，推翻了他們的殖民主人。第三世界的菁英藉由貧苦人民對政治主權與經濟獨立的要求，成功地透過大眾對殖民統治的不滿來建立自己的統治地位。一旦權力鞏固後，他們便得在來自底層的基進壓力與來自外在的全球市場力量間尋求徒勞的平衡。

在本質上便具有國際主義色彩的馬克思主義，為這些解放運動提供了支撐的力道，並尊敬它們政治自主的要求，同時也在這些運動中看出它們試圖扭轉世界資本主義的企圖。不過，大多數的馬克思主義者不會對這些帶領民族主義潮流的中產階級菁英懷抱太大的幻想。不同於後殖民主義中比較多愁善感的流派，馬克思主義者多半不會假設「第三世界」一定是良善的，而「第一世界」就一定是卑劣的。他們所堅持的，仍然是對殖民政治與後殖民政治本身所進行的階級分析。

由於孤立、貧困，而且缺乏公民、自由或民主傳統，一些第三世界國家採取史達林主義，結果卻是更加深陷於孤立。其他第三世界國家則明白它們無法光靠自己；政治主權並沒有為它們帶來任何真正的經濟自治，而且，在一個由西方國家主導的世界中，它們也永遠無法達成這項目標。一九七〇年代初期開始，世界資本主義的危機日益深化，同時，諸多第三世界國家也更進一步地陷入蕭條與腐敗，於是，西方資本主義的積極重整終於使得民族主義革命所帶來的獨立幻影宣告結束。因此，「後殖民主義」取代了「第三世界主義」（Third Worldism）。薩依德於一九七八年出版的巨作《東方主義》（*Orientalism*），標示出上述智識用語的轉換，儘管他可以理解地對諸多跟隨這部著作的後殖民理論做出許多保留。這本書出現於國際左派的命運轉捩點上。

由於所謂第三世界民族革命的局部失敗，後殖民理論對於任何有關族國（nationhood）的論述都極為謹慎。後殖民理論家有些太過年輕，有些則太過遲鈍，這些人都未能記起民族主義在其全盛時期乃是一股驚人的有效反殖民力量；對他們而言，民族主義只是一種未開化的沙文主義，不然就是一種族群至上論。由於民族主義被擺到了一邊，所以絕大多數後殖民論述的焦點都是世界主義，而在這樣的世界裡，後殖民國家被毫不留情地吸納至全球資本的軌道。藉此，後殖民理論的確反映出再真確不過的事實。然而，一旦拒絕了族國的概念，階級的概念往往也會被隨之棄置，這是因為族國與階級在革命中有著極為緊密的關係。絕大多數的新起理論家，不僅出現在殖民主義「之後」，同時也出現在一開始肇建出新國家的革命力量「之後」。如果說這些民族國家在建國過程中已經出現局部的失敗，無法與富裕的資本主義世界一較長短，那麼，在此時將視野望向國家之外，似乎也就意謂著將視野望向階級之外；而且，「此時」是一個資本主義比以往更為有力、更具掠奪性的時代。

的確，在某種意義下，民族主義的革命份子本身似乎確實跨越了階級。藉由對全國人民的號召，他們能夠在衝突的階級利益上創造出一種虛構的團結。事實上，中產階級從民族獨立中得到的好處，要比那些受到壓榨的勞工與佃農要來得多；因為後者發現，民族獨立的結果，不過是一組當地的剝削者取代了原本那組外來的剝削者。即便如此，這種團結仍然不是全然虛假的。如果說國家的概念是用以置換階級的衝突，那麼它也在另一方面使得階級衝突得以成形。如果說國家的概念帶來了某些危險的幻象，那麼它也在另一方面促成整個世界的翻轉。民族主義革命的確是二十世紀最成功的基進浪潮。在某種意義下，第三世界的各種團體與階級確實面對一個共同的西方敵人。階級鬥爭在對抗這個共同敵人的過程中，是以民族國家作為主要形式。當然，民族國家是一種狹隘、扭曲的對抗形式，在最後它更被證明為是一種十分不恰當的形式。《共產黨宣言》（*The Communist Manifesto*）觀察到，階級鬥爭首先都採取民族國家的形式，然而在實質內容上，階級鬥爭卻遠遠超乎民族國家的形式。即便如此，民族國家仍是一種號召不同社會階級——佃農、勞工、學生、知識份子，藉以對抗反獨立的殖民者的方法。而且，有個支持民族國家的有力論證：成功，至少在開始時是如此。

與《共產黨宣言》相較，某些新興的理論認為自己是把注意力從階級轉移至殖民主義，好像殖民主義和後殖民主義是與階級無關的事情一樣！在其歐洲中心的思考方式中，它們認定階級衝突是專屬西方世界的，或是只在國家的範圍內對階級衝突進行思考。與之相較，社會主義者則是認為反殖民鬥爭同樣屬於階級鬥爭：反殖民鬥爭所代表的，是對國際資本力量進行的鬥爭；面對反殖民鬥爭的挑戰，國際資本毫不遲疑地以持續的軍事暴力進行回應。這是一場發生在西方資本與全世界受壓榨勞工之間的戰役。然而，由於這場階級鬥爭是在國家的架構下進行，從而使得階級的概念逐漸消失在晚近的後殖民論述中。如同我們稍後將會明白的，這是二十世紀中葉基進理念的高峰何以也是它們衰亡的開始的意義。

大多數的後殖民理論都把焦點從階級與國家遞移至族群（ethnicity）。這點尤其顯示出後殖民文化的特定問題往往被虛假地等同於一種截然不同的問題，西方世界的「認同政治」（identity politics）。由於族群大致上是一種屬於文化的議題，因此後殖民理論的焦點遞移亦是從政治轉向文化。在某些面向上，這確實反映出世界所發生的真實變遷。然而，這同時也使得後殖民主義的問題去政治化，誇大了文化在後殖民主義問題中的角色，而與西方世界本身新生的、後革命的趨勢相互唱和。「解放」（liberation）已經很少被提及，到了一九七〇年代末期，「自由」（emancipation）聽來已是古老而陳舊。[4] 西方左派似乎因為他們在自己家鄉撲了個空，所以現在只好到外國尋找新的遊戲場。而當他們出國旅行時，他們仍不忘在隨身攜帶的行李中放入西方對文化的嶄新迷戀。

4　譯注：liberation 與 emancipation 雖然同樣都具有「自由」、「解放」的意涵，但某些後殖民論述理論家會將兩者進行區別，認為 liberation 僅指擺脫西方的殖民統治，而不是真正的自由，即 emancipation。

即便如此，第三世界的革命還是以自己的方式證明了集體行動的力量。它們的方式既不同於西方強悍的勞工運動（工運在一九七〇年代拉下一任英國政府），[5]也不同於一九六〇年代末、七〇年代初的和平運動與學生運動（它們在越戰的結束上扮演著舉足輕重的角色）。無論如何，晚近的文化理論對上述這些集體行動卻是毫無印象。對於晚近的文化理論而言，集體行動意謂著對弱小國家發動戰爭，而不是把這些征戰劃下一個仁慈的句點。在一個目睹諸多殘忍極權政權興衰的世界中，集體生活的概念似乎變得曖昧而令人懷疑。

對於某些後現代思想而言，共識是專制的，團結則不過是缺乏靈魂的齊一性。[6]自由主義者將這種從眾性與個體相對，而懷疑個體真實性的後現代主義者則是以邊緣和少數與之相對。對社會整體不表贊同的——邊緣的、瘋狂的、偏差的、反常的、越界的——才是在政治上最具創造性的，因此，主流的社會生活並沒有什麼太大的價值。不過，很反諷地，這種菁英式、單一性的觀點卻正是後現代主義者在他們的敵手保守主義者身上最看不慣的地方。

5 譯注：西元一九七八至一九七九年的英國大罷工最終導致由詹姆斯．卡拉罕（James Callaghan）領導的工黨政府垮台。

6 我所謂的「後現代」，大致上是指拒絕整體性（totalities）、普世價值、巨型歷史論述（grand historical narratives）、人類存在之堅實基礎，以及客觀知識之可能性的當代思潮。後現代主義懷疑真理、統一（unity）與進步，反對它於文化中所見之菁英主義，傾向於文化相對主義，而擁抱多元論、不連續性與異質性。

在拯救被正統文化推向邊緣的事物上，文化研究扮演了至為重要的角色。邊緣可以是個極為痛苦的所在，而文化理論學者可能沒有比為遭到拋棄、受到輕視的人們創造出可以發聲的空間來得更加崇高的任務。現在，我們已經不太可能再去宣稱民族藝術不過是一群人在敲油桶或是柝而已。女性主義不僅改變了文化的樣貌，而且如我們稍後將會明白的，它更成為我們這個時代的道德模範。與此同時，還沒死的白種男人可以說是不幸地被倒吊在路燈上，而從他們口袋裡掉出來的零錢則被用來補助社區的藝術計畫。

在此，受到攻擊的是「規範性」（normative）。從這種觀點看來，大多數人所過的社會生活是攸關規範與常規的，從而具有先天的壓迫性。唯有邊緣的、反常的與偏逸的人才能逃脫這種嚴密的控制。規範之所以具有壓迫性，是因為它們將一個完全相同的模子套用在各具差異的個體上。正如詩人威廉．布雷克（William Blake）所寫的，「對獅子與公牛適用相同的法律，是一種壓迫」。自由主義者認為這種規範性是必要的，只要我們讓每個人都擁有相同的生命機會去實踐他們獨特的人格；儘管這種作法到了最後還是會讓每個人都變得一樣。不過，自由論者（libertarian）對於這種平等就不那麼認命。在這一點上，他們的看法反而很諷刺地近似於保守主義者。諸如奧斯卡．王爾德（Oscar Wilde）的樂觀自由論者夢想著一個未來的社會，在那裡，每個人都可以自由地成為自己所想要成為的自我，而在這些自我之間是無從比較的。對他們而言，要對個體進行衡量與比較根本是件不可能的事，就像你無法比較嫉妒的概念與一隻鸚鵡。

相較之下，像德希達與傅柯這種悲觀或羞愧的自由論者則認為，一旦我們張開嘴，規範便無可逃避。「雙桅小帆船」聽起來似乎夠精準了，讀者都知道它指的是一種帆船，在船頭和船尾有兩個桅，後帆所在的後桅居於舵的前方，而且比前桅略小。但「雙桅小帆船」這個詞卻必須延伸其意義，被使用在所有這類的個別小型船舶上，而其中每艘船舶都有獨特的特色。語言使得所有差異消失，因此它是徹頭徹尾地具有規範性的。說出「葉子」，即是表示植物上兩個不同而無法相較的部分是相同而且一樣的。說出「這裡」，便同質化了各種場所所具有的豐富歧異性。

諸如傅柯與德希達的思想家苦於這種等同化，即便他們也認為這是無可避免的。他們所希望的世界，是完全由差異構成的。沒錯，正如他們的偉大導師尼采，他們認為世界「是」全然由差異構成的；然而，我們的生活的確有賴於同一性的創造。在一個全然差異的世界裡，沒有人有辦法說出任何可辨識的話；在這種地方，不會有詩、路標、情書或是紀錄，也不會有每件事物都具有獨特的差異性而不同於其他事物的陳述。不過，這是為了免於受到他人行為的限制所必須付出的代價，就像為了要搭頭等火車廂所必須付出的一點點額外金錢。

無論如何，認定規範永遠會帶來限制是一種錯誤的想法。事實上，這只是一種愚蠢的浪漫主義妄想。在我們的社會裡，人們不能對完全不認識的人大聲喊叫，衝向他們，然後砍斷他們的腳；這是規範。謀殺兒童的人必須被懲罰、勞工可以休息，而趕往處理交通事故的救護車不應受到阻擋；這是常規。如果有人會覺得這些事情壓迫他們，那麼他們必定是過度敏感了。只有思想抽象化到走火入魔地步的知識份子，才會頭腦不清地以為只要是違反規範的舉動就都是基進的政治行動。

認定規範性永遠只有負面價值的人，通常也會認為權威永遠是可疑的。就這個面向而言，他們與基進份子並不相同。基進份子尊重對不義有長期抗爭經驗的權威，他們也尊重保障人們生命安全或工作條件的法律權威。某些現今的文化理論思想家也認定少數永遠比多數來得更有生命力；因巴斯克分離主義者的行動而受重傷的受害者大體上不會這麼認為。不過，某些法西斯團體、不明飛行物體迷與基督復臨安息日會教徒（Seventh Day Adventists）聽到這種說法或許會很高興。使印度的帝國權力驚惶失措、終止南非種族隔離政策的，是多數，而不是少數。僅僅因為規範是規範、權威是權威，以及多數是多數，便加以反對的人，只能說是抽象的普遍論者，儘管他們多半也會反對抽象的普遍論。

後現代主義對規範、和諧與共識的偏見是種會在政治上帶來大災難的偏見，也是一種出奇愚蠢的偏見。然而，它之所以崛起，並不僅僅是因為對政治團結的失憶；它的出現也反映出一項真實的社會變遷。它是老式的布爾喬亞社會明顯地解體為各種次文化的一種結果。我們這個時代的歷史進展之一，便是傳統中產階級的衰亡。如同培里・安德森（Perry Anderson）所指出的，在我們的時代裡，安然度過第二次世界大戰的堅固、文明而具有正直道德的布爾喬亞階級，已經屈服於「電影小明星與粗鄙總統、桃色糾紛層出不窮的公職人員與不勝枚舉的暴力介入、迪士尼化的草案與塔倫提諾化的實踐」。安德森以生動的輕蔑寫道，「（布爾喬亞）穩固的圓形劇場」已經淪為「一個水族箱，充滿各種瞬息的、漂浮的生物——計畫者與經理人、審計員與看門者、當代資本的管理者與投機客：不知社會固著與穩定認同為何物的貨幣宇宙的連帶產物」。[7]對於今日某些文化理論而言，穩定認同的缺乏，乃是基進主義的極致。認同的不穩定是「具有顛覆性的」；如果能夠問問那些為社會所拋棄、輕視的人們對這種宣稱有什麼看法，想必會很有趣。

所以，在這樣的社會秩序裡，不會再有波希米亞式的反抗者，也不會再有革命性的前衛藝術家，因為根本已經沒有任何事情可以反抗。戴著高頂絲質大禮帽、穿著大禮服，隨隨便

7 Perry Anderson, *The Origins of Postmodernity*, London, 1998, pp. 86 and 85.

便就會被激怒的敵人已經消失了。事實上，非規範（non-normative）已經成為規範。在今天，「什麼都可以」不再專屬無政府主義者，對於小明星、報紙編輯、股票經紀人與大集團總裁也是「什麼都可以」。現在的規範是金錢；不過，既然金錢本身是絕對沒有自己的原則或認同，所以它完全不能算是一種規範。它是極端隨便的，只要誰出的價錢最高，它就會快樂地尾隨在他身旁。在最怪誕或最極端的狀態下，金錢都有無止盡的適應性，就像女王不會對任何事情表示自己的意見一樣。

因此，我們似乎是從古老中產階級品格高尚的假道學，轉變到新生族類品格卑劣的厚顏無恥。我們從有一組單一規則的國家文化遞移到有一群彼此相互斜行交叉的混雜次文化的什錦拼盤。當然，這裡的說法有點誇張。舊有的體制從來未曾真正那般統合為一，而新興的體制也沒有那樣節裂化。某些有力的集體規範仍然在新興的體制中運作著。不過，大致上，我們的新興統治菁英的確不再是看似賀伯特・阿斯奎斯（Hebert Asquith）[8]或馬歇・普魯斯特（Marcel Proust）的人，而是吸食古柯鹼的人。

在這方面，以現代主義為名的文化實驗要來得幸運許多。亞瑟・韓波（Arthur Rim-

8 譯注：西元一八五二—一九二八年，於西元一九〇八至一九一六年任英國首相。

baud）、帕布羅‧畢卡索（Pablo Picasso）與柏托特‧布萊希特（Bertolt Brecht）仍然有可以對之無禮的古典布爾喬亞階級。然而現代主義的子孫，後現代主義，卻沒有這樣的對象。不過，它似乎沒有注意到這個事實，或許是因為要承認這個事實會讓它困窘不已。有時候，後現代主義的作為就好像古典的布爾喬亞階級還活得好好的一樣，因此，它是活在過去的。後現代主義把絕大多數時間都用在抨擊絕對的真理、永恆的道德價值、科學的探究以及對歷史進步的信念。它質疑個體的主體性、僵化的社會與性別規範，以及對世界具有堅實基礎的信仰。然而，既然這些價值全都屬於一個日趨衰微的布爾喬亞社會，這種舉動不過就像是向報社投書，表達心中對奪走倫敦附近諸郡之騎著馬的匈奴人或四處劫掠的迦太基人的憤怒而已。

當然，這並不是說這些布爾喬亞的信仰已經失去力道。在諸如阿爾斯特（Ulster）與猶他州（Utah）等地，它們仍然具有頗大的影響力。不過，在華爾街（Wall Street），大概沒有半個人會相信絕對的真理或是世界的堅實基礎，就算是在符立德街（Fleet Street）[9]，會相信這些東西的人也沒有幾個。許多科學家都對科學抱持十分懷疑的態度，認為它比較像是一

9 譯注：倫敦報館集中的一條街，意指英國的新聞界。

種碰巧的、粗糙的事情，這與容易上當的外行人的想像完全不同。只有仍然天真地以為科學家認定自己是穿著白袍之絕對真理捍衛者的人文學者，才會浪費時間去質疑科學家的地位。人文學者對科學家總是十分鄙夷。只不過以前人文學者是出自勢利而鄙視他們，而現在對他們的鄙視則是出自懷疑。就算是在理論上相信絕對道德價值的人，也很少會在實務上如此操作。這些人主要是政客與商業經營者。相反地，某些被認定為會相信絕對價值的人，卻不相信任何這類事物，例如道德哲學家與大聲擊掌的神職人員。而且，儘管某些天性樂觀的美國人可能還會相信進步，但許多天生悲觀的歐洲人則否。

不過，消失的並不僅僅是傳統的中產階級而已。傳統的勞動階級也同樣消失了。既然勞動階級象徵著政治的團結，那麼，我們現在所面臨的會是這種對政治團結深表懷疑的基進主義也就不足為奇。後現代主義並不相信個人主義，因為它並不相信個體；不過，它也不太相信勞動階級。事實上，它所相信的是多元主義——一個盡可能分歧與包容的社會秩序。把這種立場當成一種基進論述所會出現的問題是，連查爾斯王子也不會反對這種論述。的確，資本主義往往會因為自己的目的而創造區隔與排除；如果它沒有這麼做，它便會援引已經存在的區隔與排除。而這些排除可能會對許多人造成深遠的傷害。一整群男男女女因此過著悲慘生活，淪為二等公民。不過，在原則上，資本主義卻是一種無瑕的包容信念：它從來不在乎受到剝削的人們到底是誰。在為擊垮任何一個人所做的準備上，它所流露出來的平等色彩是令人驚嘆的。無論多麼不願意，它隨時準備要和過去的受害者重修舊好。至少在大多數時間裡，它也渴望能夠與越多的分歧文化相處，好把商品賣給它們。

依循著古代詩人慷慨的人本精神，資本主義體系認為只要是與人類有關的，就屬於它的一部分。為了獲得利潤，它會上天下海，不畏艱難，與最令人討厭的傢伙共處，承受最不愉快的羞辱，忍受最沒品味的壁紙，並且愉快地背叛與它最親近的人。真正公正無私的，是資本主義，而不是紳士。無論消費者是否包著頭巾，是穿著浮誇的紅色背心，還是襤褸地只圍著纏腰布，它都崇高地一視同仁。和無情的青少年一樣，它對階層充滿輕蔑；和美國食客一樣，它對揀選與混合滿是熱忱。資本主義的興盛是透過對界線的跨越與神聖傳統的毀壞。它的欲望是無法滿足的，而它的空間則是無盡的。它的法律是對所有界線的蔑視，從而使得法律與罪行無法相互區辨。一旦與資本主義最崇高的野心與最誇張的越界相較，即使是對它批判最力的無政府主義者都會變得穩健而偏狹。

不過，包容性的概念還存在一些其他的熟悉問題。誰有權決定哪些人應該被包容在內？到底有誰（葛丘．馬克斯〔Groucho Marx〕[10]的問題）會想要被包容在這套體制內？若邊緣果真如後現代主義思想家所設想般，是個充滿生產力、具有顛覆性的所在，那麼，他們為何要廢除邊緣？如果在邊緣與多數之間並沒有明顯的區隔，那又該怎麼辦？就社會主義者看來，現今世界的真正荒謬是裡頭的每一個人都被流放到邊緣。隨著跨國企業的不斷發展，一大群人失去了立足之地。整個國家都被推入邊緣。所有人都被認為是失常的。社群被連根拔起，被迫進行遷徙。

在這個世界裡，「中心」是可以在一夕之間改變的：沒有任何事物或任何人是永遠不可或缺的，就算是企業總裁也一樣。「對於資本主義體系而言，誰或什麼才是重要的？」——這是一個可以討論的問題。窮人明顯處於邊緣，被全球經濟撕碎的殘骸也是一樣。但是那些領取低水準薪資的人們呢？他們不是中心，但他們也不屬於邊緣。事實上，是這些人的勞動令資本主義體系得以持續與運作。從全球的觀點看來，這些領取低水準薪資的人們是一大群人。因此，資本主義是一種把絕大多數成員排斥在外的奇怪體系。在這一點上，它與任何曾經存在過的階級社會沒什麼兩樣。或者，就像父權社會一般，它使得半數成員的權益受損。

只要我們還是以「少數」來設想邊緣，上面這種驚人的事實便會輕易地被模糊化。今日大多數的文化理論都來自美國，這個國家有著為數可觀的少數族裔，也擁有世界上絕大多數

10　譯注：西元一八九五—一九七七年，美國喜劇演員。

的大型企業。不過，由於美國人通常不會用國際的角度來進行思考（因為他們的政府對統治世界的興趣遠比對世界進行反省要來得高），所以對他們而言，「邊緣」通常只會是墨裔美國人或是非裔美國人，而不會是孟加拉的人民或是西方世界以前的煤礦工人或造船工人。煤礦工人似乎不是全然的他者，大概只有D. H.勞倫斯（D. H. Lawrence）小說裡的少數幾個角色才會認為他們是全然的他者。

的確，在有些時候，到底誰才是他者似乎是無關緊要的。反正他們就是任何一群會揭發你悲慘的規範性的人。在這種將他者異國情調化的背後，有一股內疚的受虐傾向，其上又點綴了一點老式美國清教徒罪惡感。如果你是白種西方人，你會希望自己或多或少並不是那麼的「白種」與「西方」。如果你可以幸運地發現自己的曾祖母是個曼島人（Manx），或是不小心發現自己原來有個遠房表兄是康瓦耳人（Cornish），這或許可以在某種程度上減輕你的罪惡感。以一種戴著謙卑假面具的傲慢，對他者的崇拜假設在社會多數內部裡頭並不存在著重大的衝突或矛盾。或者，在社會少數裡頭亦復如此。因此，只有他們與我們，邊緣與多數。某些抱持這種態度的人也對二元對立深表懷疑。

在眼前這個崩解的世界裡，我們已經不可能再回到過去那種關於集體的概念。現在的人類歷史大體上是同時屬於後集體主義與後個體主義；這或許會令人覺得空虛，但它也可以是個機會。我們必須想像出新的歸屬形式，而在我們這種世界裡，這些新的歸屬形式必然是多重的，而不是單一的。某些歸屬形式可能會具有部落或社群關係的親暱色彩，而某些形式則會是比較抽象的、非直接的與經由中介的。我們不會再有一個單一規格的理想歸屬所在，如同灰姑娘的玻璃鞋一般。在過去，理想規格的歸屬社群乃是民族國家，然而，在今天，即便是某些民族主義者都已不再認為民族國家是唯一可欲的範疇。

如果說人們都需要自由與流動性，那他們也同樣需要傳統與歸屬的感覺。追尋根源並不是件退化的事情。在這個面向上，後現代主義對移居者（migrant）的崇拜甚至已經到了使他們聽起來比搖滾明星還要令人羨慕的地步。然而，這不過是一種太過自大的想法，是現代主義崇拜放逐的宿醉，是輕視偏狹群眾的邪惡藝術家把自己被迫的放逐轉化為菁英式美德的作法。當下的問題在於富有者享有流動性，而貧困者只有在地性。或者，更準確言之，貧困者只有在富有者尚未奪取他們的在地性之前，才仍保有在地性。富有者是全球的，而貧困者是在地的；雖然隨著貧窮日漸成為全球的事實，富有者也開始體會到在地性的好處。不難想像，未來的富裕社群將會由瞭望臺、探照燈與機關槍守護著，而窮人就在之外的荒地覓食。還好，在此時，反資本主義運動正試圖勾勒出全球性與在地性、分歧與團結之間的新關係。

第二章

理論的興亡

The Rise and Fall of Theory

文化概念隨著它們所反映的世界而改變。如果它們堅持必須要從事物的歷史脈絡來了解事物，那麼，這樣的看法也必須適用在它們身上。即便是最崇高的理論，也一定會有其歷史現實根源，例如詮釋學這種詮釋的科學或藝術。一般認為，詮釋學的創始者是德國哲學家弗里德利希．席萊爾瑪卡（Friedrich Schleiermarcher）。不過，比較不為人所熟知的，是席萊爾瑪卡之所以對詮釋產生興趣，是因為他受邀翻譯一本名為《新南威爾斯英國殖民地報告》（*An Account of the English Colony in New South Wales*）的著作，該書記錄了作者與澳洲原住民之間的互動。席萊爾瑪卡關注的焦點，是我們如何能夠理解十分相異於我們的人們的信仰。[1]因此，在一次殖民互動中，詮釋學因而誕生。

文化理論必須要能夠對自己在歷史上的興起、茁壯與停頓提出某種解釋。嚴格說來，文化理論可以追溯至柏拉圖（Plato）。不過，就文化理論最為我們所熟悉的形式而言，它其實可以說是一段長約十五年的產物，大約從一九六五年到一九八○年。本書在一開始時所提到的那些思想家多半都是在這段驚人的豐產期間提出他們深具開創性的作品。

一九六五年與一九八○年具有怎樣的重要性？在這段時期，文化理論整個蔓延開來；也

1 見 Andrew Bowie (ed.), *Friedrich Schleiermacher: Hermeneutics and Criticism*, Cambridge, 1998, p. xix。

正是在第二次世界大戰後的這段時期，政治極左短暫地處於強勢地位，隨後則消失無蹤。這些新起的文化概念的根源，乃是深植於民權與學生運動、民族解放戰線、反戰與反核運動的時代，婦女運動在當時開始嶄露頭角，而這同時也是文化解放的全盛時期。那是個消費社會剛開始出現並逐漸茁壯的時代；在當時，媒體、大眾文化、次文化以及對年輕的狂熱首次成為值得注意的嶄新社會力；而社會階層與傳統習俗則開始遭到諷刺與攻擊。整個社會的感受力正在進行一次週期性的轉型。我們從嚴肅、自我節制與順從轉變為輕率、耽溺享樂與反抗。四處洋溢著不滿，但也充滿著願景與希望。當時對於「當下」普遍有一股興奮感，部分的原因在於「當下」似乎顯然會帶來一個嶄新的未來，它是個通往無限可能性的國度的入口。

尤其重要的是，這些新起的文化概念是出現在一個文化本身在資本主義中日趨重要的時代裡。這是種不尋常的發展。文化與資本主義從來不是兩個相處融洽的伙伴，像是高乃爾與拉辛（Corneille and Racine）[2]，或是勞萊與哈台（Laurel and Hardy）。的確，文化在傳統上幾乎是資本主義的反義詞。文化這個概念的產生，是用以作為對中產階級社會的批判，而不

2 譯注：十七世紀法國劇作家。

是作為其盟友。文化是關於價值、而非價格的，是關於道德、而非物質的，是關於品格、而非市儈的。文化是關於人類能力的陶冶的，是為了讓人類成為目的本身，而不是發自某種可鄙的功利動機。人類的這些能力可以形成一種和諧的整體性：它們並不只是一堆專化的工具而已，而「文化」正意謂著這種莊嚴的綜合體。文化，是工業資本主義無法使用的價值與能量可以尋求庇護的簡陋避難所。文化，是情慾與符號、倫理與神話、感官與情感在一個日漸對它們感到不耐的社會秩序中得以建立家園的所在。在文化所處的貴族山丘上，它輕蔑地俯視在商業荒地上汲汲營營的零售商與證券經紀人。

然而，從一九六〇年代與七〇年代開始，文化也開始用來指涉電影、影像、流行、生活形態、行銷、廣告與傳播媒體。在社會生活中，符號與奇觀整個蔓延開來。在歐洲，開始出現對於文化美國化的焦慮。我們似乎達成了富裕的目標，卻沒有得到自我實現，於是，文化或「生活品質」的議題猛然成為焦點。價值、符號、語言、藝術、傳統與認同意義下的文化，是諸如女性主義與黑人權利等新社會運動所呼吸的空氣。文化現在是屬於異議的，而不是一種和諧的解決之道。文化也是新興勞動階級藝術家與評論家的活水源頭，他們首次開始大聲地圍攻高階文化與高等教育的堡壘。文化革命的理念，在法蘭茲・法農（Frantz Fanon）、赫伯特・馬庫塞（Hebert Marcuse）、威廉・賴希（Wilhelm Reich）、西蒙・波娃

（Simone de Beauvoir）、安東尼奧・葛蘭西（Antonio Gramsci）與尚—盧克・高達（Jean-Luc Godard）令人沉醉的雜揉中，從所謂的第三世界遷徙至富有的西方世界。

在此同時，一股關於知識之使用的衝突在街道上爆發開來。在這場論戰中，一方試圖將知識轉化為軍事與科技武器或是管理統禦技術，另一方則視知識為解放的契機。長久以來一直屬於傳統文化的家園、無私探究的要塞的大學，出乎意料地在轉眼間搖身一變，成為政治鬥爭的文化戰場。中產階級社會竟然輕率到設立出一種體制，使得年輕、聰慧、具有道德良心的人們僅僅需要閱讀與傳播理念便可以在裡頭虛晃個三、四年；學生的集體反叛，便是社會允許這種荒誕放縱的結果。不同於今日的政治正確運動，當時學生的反叛並不僅止於校園之內。在法國與義大利，學生的反叛引發了世界大戰之後規模最大的勞動階級集體示威。

當然，這種事情只可能在特定的政治環境下發生。在當今的時空下，校園內的政治衝突多半只會是言語上的，而不會是關於實際行動的。事實上，政治衝突之所以只會是言語上的，部分原因在於實際行動的消失。即便如此，允許一群敏感、具有政治理想的年輕人聚在一起好幾年，仍然是一種魯莽的作法。教育始終有風險存在，它可能會讓你得要和一群毫無品味、無可救藥的市儈相互爭執，不過，這些市儈將會統治世界，而他們所使用的字彙則僅限於石油、高爾夫、權力與起士漢堡而已。教育也有可能會讓你對將全球治理託付給人們的想法不抱太大的希望，因為這些人從來不會為任何理念興奮、被任何景色感動，或是為任何一項數學式的超凡優雅而沉迷。對於那些有膽子提到要捍衛文明，卻連方尖石碑或雙簧管協奏曲都不知道是什麼的人，你會感到深切的懷疑。而這些人便是那些整天喋喋不休地討論著自由，卻只能在講義上認出自由是什麼的人。

這段時期的政治鬥爭中，有些達成了一定程度的成功，有些則否。一九六〇年代末期的學生運動並沒有成功地防止高等教育更進一步深陷於軍事暴力與工業剝削的結構中。不過，它至少對人文學科長期以來在這種結構中的共犯角色提出挑戰，而這種挑戰的成果之一便是文化理論。人文學科已經失去了它們的無辜：它們已經無法再佯裝自己從來未受權力的污染。如果它們還想繼續發揮作用的話，它們必須停下來，仔細思考自己的目的和預設究竟是什麼。這種批判性的自我反省，便是我們所知的理論。在我們被迫要對自己的所作所為發展出一種嶄新的自我意識時，這種類型的理論於焉出現。它是我們不再可以把現行各種實務視為理所當然的事實時所會出現的徵兆。事實上，這些實務現在必須成為自身探究的對象。因此，理論始終會有某種自我中心或自戀的色彩存在，如同每個曾經接觸過文化理論大師的人所會注意到的。

在其他地方，政治鬥爭的結果則各有不同。若殖民政權被驅逐了，新的殖民政權則取而代之。儘管戰後一片富裕景象，在歐洲仍然有重要的群眾性共產黨。不過，它們對新起社會力所做出的回應，充其量只能說是吝嗇的，往往更是反制的。在一九七〇年代，隨著所謂歐共（Eurocommunism）的出現，它們比以往更加堅定地走向修正主義的道路，而不是採取革命。婦女運動達成了一些重大的成就，但也在一些面向上遭受嚴重的挫敗，無論如何，它幾乎就此改變了西方世界的文化面貌。

諸多民權運動也有相同的遭遇。在北愛爾蘭，聯合黨（Unionist）的獨裁受到群眾示威的圍剿，然而，到底最後是否會出現一個全然民主的解決之道，仍然有待觀察。西方世界的和平運動使得好戰的林頓・詹森（Lyndon Johnson）停頓下來，卻未能廢止大規模毀滅性武器的運用。在盡完終止東南亞戰爭的職責後，它也不再成為群眾性的政治運動。無論如何，在世界其他地方，革命的潮流繼續推翻殖民政權。

就文化而言，戰後時期乏味、家父長式的文化建制為一九六〇年代的民粹主義實驗猛然推翻。菁英主義於是成為僅次於反猶太主義的難以原諒的思想犯罪。舉目所及，各地的上層中產階級都努力不懈地使自己的發音聽來不那麼高貴，使身上穿的牛仔褲看來破破爛爛。勞動階級的英雄被成功地行銷出去。然而，這股反叛的政治民粹主義卻也為在一九八〇年代與九〇年代興盛起來的消費文化奠定了基礎。曾經在一時之間撼動中產階級之自滿的事物，很快地就被中產階級所收編。同樣地，商店與酒館的經營者在面對六〇年代的口號——「我們要什麼？要一切！我們什麼時候要？現在！」——時，不曉得究竟是該感到驚駭，還是該感到狂喜。資本主義需要一種尚未存在的人類；一種在辦公室裡謹慎而節制，在購物商場裡狂放而失序的人類。一九六〇年代所發生的，是生產的紀律受到消費文化的挑戰。對於資本主義體系而言，這只有在一種侷限的意義上是個壞消息。

基進概念並沒有簡單而明確的興起與衰亡可言。我們已經了解，民族主義的革命是如何在達成某些重大勝利時，也不智地為貧困世界的「後階級」論述鋪好了路。當學生發現自由之愛的同時，殘忍的美國帝國主義也在東南亞達到高峰。如果說當時出現對解放的嶄新要求，那麼，這些要求在部分上不過是對一個處於擴張階段的資本主義的反動。受到抨擊的，是富裕社會的缺乏靈魂，而不是貧困社會所經歷的苦難。歐洲的共產黨進行了某種突擊，但捷克斯洛伐克的政治改革卻遭到蘇維埃坦克的鎮壓。拉丁美洲的游擊隊被擊潰。結構主義這股新興的智識風潮在一些面向上是基進的，但在另一些面向上則具有科技官僚的色彩。如果說結構主義對普遍的社會秩序提出挑戰，那麼，它同樣也反映出普遍的社會秩序。後結構主義與後現代主義也同樣具有這種曖昧的雙重性格，它們顛覆了中產階級社會的形上基礎，卻又代之以自己類似的市場性相對主義。後現代主義者與新自由主義者同樣都對公共規範、既有價值、既存階層、權威標準、共識規則與傳統實踐感到懷疑；只不過新自由主義者是以市場作為排斥一切的理由，而基進的後現代主義者則是以怯懦、有節制的商業主義來反對這些事情。因此，新自由主義者至少還具有不自我矛盾的美德，暫且不論他們在其他地方所犯下的各種惡行。

在一九七〇年代初期（基進異議的最高峰），最終將會取代基進異議的後現代文化也開始浮現。文化理論的太平歲月一直持續到一九八〇年左右；在石油危機預告全球經濟的衰退、基進右派的勝利以及革命希望之消蝕的數年之後。由於針對勞工運動並試圖將它永遠瓦解的系統性攻擊，勞動階級在一九七〇年代初期所展現的旺盛戰鬥力在此時戲劇性地消逝。工會受到束縛，而失業率則被刻意提升。在一種針對喧鬧政治時代的智識逆流中，理論走得太遠，超過了現實。如同經常會發生的事情，文化概念在當初令它們得以產生的條件消逝後綻放出最後一次耀眼的光芒。儘管文化理論與它誕生時刻之間的關係已被斬斷，但它還是試圖以自己的方式重溫其誕生時刻。如同戰爭一般，它成為一種以其他方式繼續政治的工具。在街道與工廠受挫的解放，現在轉而在熾烈的情慾或流動的意符中進行。在高達與切．格瓦拉（Che Guevara）失敗的地方，言說與欲望取而代之。在此同時，某些新興理念預示了稍後即將席捲整個西方世界的後政治悲觀主義。

在另一種意義上，文化理論的成果也是好壞參半。關於言說、偏離與欲望的新興理論並不僅僅是受挫的政治左派的另一種選擇而已，它們同時也是深化左派論述，使它更加豐富的方法。因此，有些人會指出，如果這些理論所具有的洞察力能夠在一開始便被完全加以運用的話，左派或許就不會失敗了。文化理論的存在，提醒了傳統左派他們向來所輕蔑的事物：藝術、愉悅、性別、權力、性慾、語言、瘋狂、欲望、靈性、家庭、身體、生態系統、無意識、族群、生活形態、霸權。無論如何衡量，這些事物都在人類的存在中佔有相當重要的地位。會忽略這些事物的人，近視的程度一定很深。這就像是漏掉了肺與胃的人體解剖學；或者像是中世紀的愛爾蘭僧侶在編寫字典時難以理解地漏掉了字母S。

事實上，傳統的左派政治（這裡指的是馬克思主義）從來就沒有像上述那般遲鈍。它向來都對藝術與文化做出長篇累牘的論述，有的乏味至極，有的則充滿了原創性。事實上，在一般稱為西方馬克思主義的傳統中，文化一直佔有極為重要的地位。喬治・盧卡奇（Georg Lukacs）、華特・班雅明（Walter Benjamin）、葛蘭西、賴希、麥克司・霍克海默（Max Horkheimer）、馬庫塞、希奧多・阿多諾（Theodor Adorno）、恩斯特・布洛赫（Ernst Bloch）、呂西安・郭德曼（Lucien Goldmann）、尚—保羅・沙特（Jean-Paul Sartre）、詹明信：這些思想家從來沒有忽略過情慾與符號、藝術與無意識、生活的經驗與意識的轉化。我們甚至可以說，二十世紀裡沒有其他思想流派像馬克思主義一樣擁有這麼多豐富的遺產。由於有這樣的遺產，今日的文化理論於是得以依樣畫葫蘆，只不過大多都是畫虎不成反類犬。

西方馬克思主義的焦點之所以遞移至文化，部分原因在於政治上的無力與幻滅。卡在資本主義與史達林主義之間，諸如法蘭克福學派的團體只好轉而探討文化與哲學問題，藉以彌補政治上的失落。由於在政治上孤立無援，他們援引大量的文化資源，用以對抗一個文化角色日趨重要的資本主義，從而證明他們的所作所為仍然具有政治上的意義。藉由同樣的動作，他們也得以和野蠻、庸俗的共產主義世界劃清界線，同時無止盡地豐富了為共產主義所背叛的思想傳統。然而，這種作法卻也使得西方馬克思主義最終多半都帶有學院、幻滅與政治無能的色彩，像是充滿戰鬥力的革命份子的鄉紳後代。這種特色同樣為文化理論的後繼者所繼承，對這些人而言，諸如葛蘭西的思想家，所代表的是關於主體性的理論，而不是關於勞動階級的革命。

的確，馬克思主義沒有直接處理性別與性慾的問題。然而，這絕對不表示馬克思主義忽略了這些主題，儘管它對性別與性慾實在是說得太少。推翻俄羅斯沙皇而建立布爾什維克政權的革命，是從一九一七年在國際婦女節所發動的示威開始。一旦布爾什維克掌權後，他們便把男女平權視為當務之急。對於環境的議題，馬克思主義大抵是沉默的，不過，這也幾乎是當時各種理論的普遍情形。即便如此，在馬克思早期的著作以及晚期的社會主義思想裡，仍然有關於自然的深刻反省。馬克思主義並沒有完全忽略無意識的主題，儘管它只是把無意識當成是布爾喬亞發明的東西。不過，也存在著完全不同於這種草率態度的看法，例如重要的馬克思主義心理分析學者賴希。而在諸如馬庫塞的馬克思主義哲學家的反思中，愉悅與欲望也扮演著重要的角色。關於身體這個主題最為傑出的一本著作《知覺現象學》（*The Phenomenology of Perception*），是法國左派學者莫理斯・梅洛龐蒂（Maurice Merleau-Ponty）的作品。受到現象學的影響，某些馬克思主義思想家開始提出關於生活經驗與日常生活的問題。

對馬克思主義忽視種族、民族、殖民主義或族群的指控同樣是不實的。事實上，在二十世紀初期，只有共產主義運動才會系統性地提出關於民族主義與殖民主義（以及性別）的問題，並加以討論。羅伯特・楊（Robert J. C. Young）寫道：「就認知各種不同形式的宰制與剝削（階級、性別與殖民主義），以及必須要將它們全部廢除，才能為各種解放奠定成功的根基而言，共產主義是第一個列出這樣的政治綱領，也是唯一的一個。」[3] 列寧視反殖民革

3 Robert J. C. Young, *Postcolonialism: An Historical Introduction*, Oxford, 2001, p. 142。我在此處所提出的幾個重點，都得歸功於這份傑出的研究。

命為蘇維埃政府的優先要務。在印度、非洲、拉丁美洲及其他地方的反殖民鬥爭中，馬克思主義的概念也扮演著舉足輕重的地位。

事實上，馬克思主義是反殖民運動的基本靈感。諸多二十世紀的偉大反殖民理論家與政治領袖都是在西方世界接受教育，並且持續受到西方馬克思主義的啟發。甘地（Gandhi）援引了約翰．羅斯金（John Ruskin）[4]、里奧．托爾斯泰（Leo Tolstoy）以及其他思想源頭。而且，大多數的馬克思主義國家都不是歐洲國家。我們甚至可以說，西方世界所了解的文化政治，絕大多數都是所謂第三世界思想家的產物，例如菲德爾．卡斯楚（Fidel Castro）、阿米卡．喀布洛（Amilcar Cabral）[5]、法農與詹姆士．康納利（James Connolly）[6]。無疑地，某些後現代思想家會覺得「第三世界」的鬥士竟然還得求助於諸如馬克思主義這種明顯的宰制性西方理性，實在是件令人遺憾的事。具有這種想法的思想家，通常也會對像康道賽（Marquis de Condorcet）這樣的人物抱持不信任的態度，因為這位法國啟蒙運動的重要領導者相信無私的知識、科學的光輝、持續的進步、抽象的人權、人類日臻完美的可能性，以及

4 譯注：西元一八一九—一九〇〇年，英國藝術評論家與社會理論家。
5 譯注：西元一九二四—一九七三年，幾內亞比索農學家與政治家。
6 譯注：西元一八七〇—一九一六年，愛爾蘭民族主義者與社會主義者。

人性的真正本質在歷史進程中穩健地開展。

康道賽的確如此主張。我們也可以全然體會這些理論家對這種主張的不認同，只不過，他們似乎忘了指出康道賽同時也相信（在一個只有極少數人會如此認為的時代下）普選權、男女平權、非暴力的政治革命、平等教育、福利國家、殖民解放、言論自由、宗教寬容，以及推翻專制主義與教權主義。儘管這些充滿人性的觀點可以與他不太吸引人的哲學脫勾，然而，它們之間卻不是毫無關連的。我們或許可以說，啟蒙主義就是啟蒙主義。[7]對今日的某些人而言，「目的論」、「進步」與「普遍論」是罪孽如此深重的思想犯罪（有時的確如此），以致於一個人只要犯下這些罪狀，即便他的思想在實際政治上遠比他所處的時代先進了好幾個世紀，他仍舊是不足取的。

儘管如此，共產主義運動在某些重要問題上的沉默的確是應該受到譴責。然而，馬克思主義並不是一種生命哲學，或是一種宇宙的祕密；它並沒有必要對從如何敲破一個水煮蛋到如何為獵犬除虱的每件事都發表意見。大致說來，它是一種對生產模式如何在歷史中遞嬗的

7 譯注：原文為“Enlightenment is as Enlightenment does”，這句話改寫自電影《阿甘正傳》（*Forest Gump*）的對白“Stupid is as stupid does”，是劇中人物對別人問他是否很笨時的回答。伊格頓在這裡改寫這句話的意義為「啟蒙運動或許很愚蠢，但它仍然達成了許多重要的成就」。

解釋。如果說馬克思主義並沒有告訴你最好的減肥方法是做運動還是該把你的嘴巴縫起來，這不會是它的缺陷；就像截至目前為止，女性主義都還沒有對百慕達三角洲表示過意見，這也同樣不會是它的缺點一樣。更何況有些指責馬克思主義說得不夠的人，往往也會對說得太多的巨型論述（grand narrative）表示不滿。

許多在一九六〇年代與七〇年代興起的文化理論可以視為是對馬克思主義所提出的批判。大體而言，這種批判乃是出自一種同志的情誼，而非敵對的攻擊；不過，這種情形在不久之後就改觀了。舉例言之，在許多亞洲與非洲新起的革命民族主義運動中，馬克思主義一直是種擔任嚮導的理路；無可避免地，這表示要依據各種特定的條件來修正馬克思主義，而不是對馬克思主義的全盤接受。從肯亞到馬來西亞，革命民族主義使得馬克思主義重獲生命，也迫使它對自己進行再思考。同樣地，在馬克思主義者與女性主義者之間，也有著激烈而具高度生產力的論辯。阿圖塞是個馬克思主義者，但他認為馬克思主義裡頭有許多廣被接受的概念都必須加以拆解。李維史陀是個馬克思主義者，但他認為馬克思主義對他所專精的人類學領域實在貢獻得太少。作為一種歷史觀，馬克思主義對史前文化與神話學似乎沒有提出太多線索。

巴特是個左派思想家，但他發現馬克思主義很可惜地欠缺了符號學的部分。克莉絲蒂娃的領域是語言、欲望與身體，但這三個主題卻都不完全是馬克思主義的核心議題。然而，這兩位思想家在當時都與馬克思主義的政治有緊密的關係。後現代哲學家尚—弗朗梭瓦．里歐塔（Jean-François Lyotard）發現馬克思主義與資訊社會和前衛藝術是脫節的。當時最前衛的文化雜誌，法國的文學雜誌《如是》（*Tel Quel*）短暫地選擇了毛澤東主義，藉以取代史達林主義；這就像是用快克古柯鹼來代替海洛英一樣。於是，在巴黎與稻田間產生了新的連結。此外，還有一些人則是轉向了托洛斯基主義。

這種冗長的說明還可以再繼續下去。最近，德希達宣稱，他向來都認為自己的解構理論是一種基進化的馬克思主義。不論真假如何，在東歐的一些知識份子圈裡，反共黨異議份子有一陣子所遵從的，就是解構理論。阿圖塞的學生傅柯是個後馬克思主義的狂熱份子，他認為馬克思主義在關於權力、瘋狂與性慾的問題上實在太欠缺說服力，然而他還是在一種一般性的馬克思主義氛圍裡進行他的研究。在傅柯幾本著名的著作中，馬克思主義一直是他沉默的對話者。法國社會學家昂希．列費伯赫（Henri Lefebvre）發現馬克思主義欠缺日常生活的概念，在他的發展下，這個概念在一九六八年的運動中發揮了極大的影響力。儘管社會學家布赫迪厄明白地表示他對馬克思主義大體上抱持著懷疑的態度，但他還是偷取了馬克思主義的理論資源，從而產生諸如「符號資本」（symbolic capital）的概念。英國戰後最優秀的文化思想家威廉斯到底是不是個馬克思主義者？這個問題有時幾乎是無法回答的；不過，這反而成為他的理論的力量，而不是一種會帶來毀滅的模糊。在英國與美國，所謂的新左派也與馬克思主義有類似的關係。不同於這些新起文化思想家的前輩，他們不是蘇維埃共產主義的同路人，而是馬克思主義的同路人。

當然，並非所有的新起文化思想家都與馬克思主義有這種糾纏不清的關係。不過，我們可以很公允地這麼說，新興文化理論多半產生自與馬克思主義所進行的創造性對話。新興的文化理論試圖探討與馬克思主義有關的問題，同時卻又與它保持距離。在法國，這種對話是以一種不同的方式進行：透過廣受尊崇的沙特，馬克思主義、人文主義與存在主義進行了和解。沙特曾經做過一項很著名的觀察，他指出馬克思主義代表了一種二十世紀的終極視界，一個人或許可以忽略這個視界，卻永遠無法超越它。然而，如傅柯與克莉絲蒂娃的思想家，卻正在超越這個視界；不過他們所試圖超越的視界不是別的，而「正是」馬克思主義這個視界。沒有人會和道教或鄧・司各脫（John Duns Scotus）[8]爭辯。就此而言，馬克思主義仍然具有中心地位，儘管是負面的。如果說新起的文化思想家仍然對馬克思主義做出尖銳的批

8 譯注：十三世紀神學家。

判，那麼，至少他們當中還是有人與馬克思主義有某些共同的基進願景。至少，他們會像約翰・甘迺迪（John F. Kennedy）是個柏林人般是個共產主義者。[9]

事實上，我們有時很難斷定這些文化理論家究竟是在駁斥馬克思主義，還是在挽救馬克思主義。要這麼做，首先你必須要對馬克思主義究竟是什麼有十分準確的概念。然而，這不就正是部分的問題所在嗎？這不正是馬克思主義之所以聲名狼藉的原因之一嗎？首先對馬克思主義做出某種嚴格的假設定義，然後再用它來斷定其他馬克思主義流派的偏差程度，這難道不是一種太過專擅的作法？這就好比佛洛伊德學說究竟是否屬於科學的論戰一樣。對於科學究竟是什麼，雙方都抱持一種理所當然的界定；因此，唯一的問題在於佛洛伊德學說是否符合這個界定。然而，如果心理分析早在一開始便已徹底推翻我們對於什麼算是科學的理解呢？

當然，真正重要的，是你堅持的主張與信念，而不是你對它們進行的分類。當然，一種學說一定得要有「某些」特定的概念，至少也得要有某些看法是不能與它相容的。你不能既

9 譯注：即精神上的共產主義者。甘迺迪曾於西元一九六三年在西柏林（蘇聯建立柏林圍牆兩年後）發表演說，其中提及「我是柏林人」（Ich bin ein Berliner）。

支持馬克思主義，又主張要回歸奴隸制度。女性主義是一套十分鬆散的概念組合，不過，就算再怎麼鬆散，它也不可能會包含對於男性是一種優越物種的崇拜。的確，有些英國聖公會的神職人員似乎並不怎麼相信上帝、耶穌、處女懷胎、神蹟、復活、地獄、天堂、聖體實在與原罪，不過，這是因為他們是溫和、願意接納的人，他們不想因為信仰太過特定的事情而冒犯到其他人。他們只是認為每個人都應該和善地對待彼此。然而，這種不同於教條主義的態度，並不代表他們會覺得什麼都無所謂。

然而，在某些地方，馬克思主義卻變成一種教條，尤其是在史達林及其後繼者手中。在馬克思主義的名義下，數百萬人被屠殺、迫害與監禁。問題在於是否能對馬克思主義進行鬆綁，卻又不讓它分崩離析。某些文化理論先驅謹慎地表示，這是可以的；而後現代主義者則是異口同聲地認為這是不可能的。不久前，在東歐逐漸走入災難時，大多數的文化理論先驅自己也會得到這樣的結論。正如同一九六〇年代的文化民粹主義不由自主地為八〇年代的犬儒消費主義鋪好了路，某些文化理論在當時雖然是為了要基進化馬克思主義，結果卻往往是朝向政治以外的領域發展。一開始，它是為了要深化馬克思主義，然而，它最後所導致的卻是整個置換了馬克思主義。克莉絲蒂娃與《如是》轉向宗教神祕主義以及對美國生活方式的讚頌。後結構主義多元論的最佳範式似乎不是中國的文化大革命，而是北美的超級市場。巴特從政治轉移至愉悅。里奧塔把注意力轉向星際旅行，並在法國總統大選中支持右翼的季斯卡（Giscard）。傅柯捨棄所有對嶄新社會秩序的熱望。如果說阿圖塞從內部重新改寫了馬克思主義，藉此他也為徒子徒孫開啟了一扇可以逃離馬克思主義的門。

因此，馬克思主義的危機並非起自柏林圍牆的倒塌。馬克思主義的危機早在一九六〇年代末、七〇年代初的政治基進主義裡便已出現。不僅如此，在相當程度上，馬克思主義的危機也是一堆引起議論之新興概念背後的驅動力量。當里奧塔拒絕他所謂的巨型論述時，其實他一開始所指的便是馬克思主義。蘇聯對捷克斯洛伐克的入侵與著名的一九六八年學潮同時發生。如果說空氣中滿布著嘉年華的氣氛，那麼，冷戰的氣氛也同樣散布著。這並不是一個左派在崛起後衰敗的問題。就古典馬克思主義而言，蠕蟲早已躲藏在花苞裡，蛇也已經在花園裡祕密地蜷曲著。

在西方世界，馬克思主義因史達林主義的暴行而聲名狼藉。不過，許多論者覺得馬克思主義也因為資本主義本身所出現的改變而失去可信性。馬克思主義似乎沒有辦法適應一種嶄新的資本主義體制，這種新體制的重心是消費、而不是生產，是影像、而不是真實，是媒體、而不是紡織廠。最重要的是，馬克思主義無法適應「富裕」。或許戰後的經濟榮景早在一九六〇年代末期便已成為強弩之末，但它仍然對當時的政治設定了步調。佔據西方世界充滿戰鬥力的學生與基進的理論家之思緒的大部分問題，其起因都在於進步，而不是貧窮。這些問題是關於官僚管制、鋪張浪費、精進軍事設備、科技等事物的失去控制。對於世界似乎是由符號與常規從頭至尾地進行幽閉性之符碼化與管理的感覺導致結構主義的興起，它的目的正在於探究製造出人類意義的隱含符碼與常規。一九六〇年代充滿活力，但也令人窒息。對於套裝學習、廣告與商品的專制力量普遍存在著焦慮。幾年之後，對這些事物進行檢視的文化理論本身也出現淪為另一項耀眼商品的風險，成為一種販賣自身符號資本的方式。這些問題全部都是關於文化、生活經驗、烏托邦的欲望，以及由一個二維向度的社會形態所導致的情感與知覺受損。這些問題也都不是馬克思主義的傳統著力所在。

愉悅、欲望、藝術、語言、媒體、身體、性別、族群：一個可以含括所有這些主題的字眼便是「文化」。文化這個字眼可以包括比爾・懷曼（Bill Wyman）與速食，也可以包括德布西（Debussy）與杜斯妥也夫斯基（Dostoevsky），然而，它卻正似乎是馬克思主義所欠缺的。這也是為何與馬克思主義進行的對話會出現在這個領域的原因之一。文化同時也是一種文明的、人性的左派可以將自己與實際存在的、愚蠢的、粗鄙的社會主義保持距離的方式。因此，在那段紛擾的時代，會與馬克思主義進行論戰的，是文化理論，而不是政治、經濟或正統哲學，就不足為奇了。如果不是難以管束的話，會去鑽研文化的學生在政治上往往是基進的。因為諸如文學或藝術史之類的主題通常不會有立即的物質回報，所以它們常常會吸引那些瞧不起資本主義功利概念的人。這種純粹只是出自喜好而從事某件事的想法，始終讓那些國之重臣坐立難安。全然的無意義乃是一種深具顛覆性的事情。

總而言之，藝術與文學含括了許多無法與當下政治環境妥協的想法與經驗。它們也對一個經驗本身似乎日漸脆弱與受到貶抑的世界提出關於生活品質的問題。在這種狀況下，如何能夠產生有意義的藝術？要讓藝術家得以出現，難道不需要先改造社會嗎？此外，研究藝術者所說的語言是關於價值，而非價格的。他們所研究的作品的深度與強度揭發了執迷於市場的社會日常生活的貧瘠。他們所受的訓練，是想像出有別於現實的其他可能。藝術鼓勵你提出幻想與願望。基於這些原因，無怪乎進行爭辯的學者通常是研究藝術或英文的，而不會是研究化工的。

然而，化工學者通常要比藝術或英文學者來得務實。文化專家之所以深受左翼政治吸引的特質，也正是使他們難以組織起來的特質。他們是政治圈的弄臣、不情願的參與者，他們對烏托邦的興趣遠高過對工會的興趣。不同於王爾德筆下的市儈，他們知道一切的價值，不知道一切的價格。你不可能讓亞瑟・韓波去參加衛生委員會。在一九六〇年代與七〇年代，這樣的特色使得文化理論家可以同時處於馬克思主義之內與之外。在英國，像斯圖亞特・霍爾（Stuart Hall）這樣的著名文化理論家在明確地轉向非馬克思主義陣營前，在這位置上維持了長達數十年之久。

同時處於一個位置之內與之外（佔領一個場域，卻又在邊界上懷疑地徘徊著）往往能夠滋生最具創意的想法。那是個資源豐富的所在，儘管並非永遠是個毫無痛苦的地方。我們只需想想那些二十世紀英國文學的重要人物，就會發現他們幾乎都游移在兩種或兩種以上的民族文化之間。後來，這種位置上的曖昧也為新起的「法國」文化理論家所繼承。他們之中有許多人並非出身法國，也有許多人並非是異性戀者。有些來自阿爾及利亞，有些來自保加利亞，還有一些來自烏托邦。無論如何，隨著一九七〇年代的過去，許多基進份子開始放棄過去的理想。朝向去政治化的八〇年代與九〇年代的進程於焉展開。

第三章

至後現代主義之路

The Path to Postmodernism

隨著一九六〇年代與七〇年代的反文化（countercultural）運動演變為八〇年代與九〇年代的後現代運動，馬克思主義似乎變得更加不重要了。在今日，工業生產已然衰微，無產階級亦復如此。國際競爭日趨激烈，迫使獲利率下降，世界大戰後的經濟榮景已不復見。現在，國家資本主義（national capitalism）掙扎著在一個日趨全球化的世界找到立足之處。它們已不再像過去那般受到保護。由於利潤縮減，整個資本主義體系被迫必須要進行劇烈的重整。生產線外移到西方世界喜歡稱之為「發展中世界」的低工資國家。勞工運動受到壓抑，被迫接受限制其自由的屈辱。投資從工業製造業流向服務業、金融業與通訊業。隨著大型產業變得更具「文化性」，也就是說，比以前更加仰賴形象、包裝與展示，文化產業於是搖身一變而成為大型產業。

不過，從馬克思主義的觀點看來，其中的反諷再明顯不過。這些似乎使得馬克思主義完全與時代脫節的變遷，正是它所試圖解釋的。馬克思主義之所以失去其必要性，並不是因為資本主義體系的性質轉變；事實上，馬克思主義之所以不再受到重視，是因為資本主義體系變得更加綿密。資本主義陷入了危機，而對這些危機的產生與發展提出解釋的，正是馬克思主義。所以，從馬克思主義本身的觀點而論，使它脫節的事物正證實了它的重要性。並不是因為資本主義體系進行了重整，使得社會主義的批判成為多餘，進而將馬克思主義掃地出門。馬克思主義之所以蒙塵，完全是因為相反的原因：是因為資本主義體系看似更加難以擊敗，而不是因為它的性質轉變，從而使得許多人對基進的改變感到絕望。

就全球層面觀之，馬克思主義持續的重要性是更為鮮明的。對於這點，那些只會看到約克夏（Yorkshire）煤礦關閉、西方世界勞動階級縮減的歐洲中心批判者並不清楚。富庶與貧困的不平等在全球層面上持續擴大，正如《共產黨宣言》所預見的。也正如《共產黨宣言》所指出的，世界上窮人的不滿正在日漸升高。只不過馬克思看到的不滿，出現在布來德佛（Bradford）[1]與紐約布朗區（Bronx），而今日的不滿，則是出現在的里波黎（Tripoli）與大馬士革（Damascus）的市場裡。這些人心中所想的，是如何繼續活下去，而不是革命。

至於無產階級的消失，我們應該回想這個詞彙的字源。在古代社會，無產階級指的是無法藉由資產的持有來服務國家的人；由於他們太過貧困，所以他們只能以生產下一代（proles）作為勞動力的方式來服務國家。換句話說，他們什麼都沒有，只能奉獻他們的身體。於是，無產階級與婦女緊密地結盟，這種情形同樣出現在今日世界的貧困地區。終極的貧困，或說是存有的喪失，是除了本身之外，別無他物；必須像其他動物一般，直接以自己

1 譯注：位於北英格蘭西約克夏。

的身體進行工作。既然這仍是今日世界數百萬人所置身的狀態，要說「無產階級已然消失」，未免太過荒誕。

因此，早在文化理論的全盛時期，促使左派瓦解的力量便已潛藏於他們的解構作品內部。文化理論的反叛時刻，其實已是其政治衰微的黎明。在地平線上，隆納・雷根（Ronald Reagan）與瑪格麗特・柴契爾（Margaret Thatcher）已經隱然浮現。在這十年左右的時間裡，沒有人會真的想要去證明馬克思主義是錯誤的，就像沒有任何太空船會想航行到宇宙盡頭，去證明上帝並不存在。只不過幾乎所有人在行止間所表達的態度，就好像馬克思主義已經不存在了一樣，不管他們對上帝有什麼看法。

當然，隨著蘇聯及其衛星國家的崩潰，在字面上，馬克思主義的確是從世界上消失了。與其說馬克思主義是被駁斥了，不如說根本沒必要去想這類問題。就跟莊稼圈（crop circle）或鬼怪之類的事情一樣，你不再需要對馬克思主義有任何意見。就像尼斯湖水怪，不管牠到底存不存在，其實都不會有任何差別。你可以在閒暇之餘繼續對尼斯湖水怪進行研究，當作一種無傷大雅的怪癖；除非你的臉皮很厚，或者是個被虐待狂，否則，這絕對不是那種需要對大眾宣揚的研究。老一輩的思想家之所以是後馬克思主義者，是因為他們與馬克思主義保持距離，同時卻又援引馬克思主義的資源；然而，新一代的思想家之所以是後馬克思主義者，只是像大衛・鮑伊（David Bowie）是個後達爾文主義者一樣。

　　這是個很奇特的狀況。因為你不必非得成為一個馬克思主義者，才會明白馬克思主義不只是個你可以憑意志相信或不相信的假說（例如莊稼圈是由外星人所造成的假說）。馬克思主義從來就不是一種假說。馬克思主義（或者將它置於更廣泛的脈絡，亦即社會主義）是一個涉及數世紀以來，世界各國數百萬人的政治運動。有位思想家將它形容為人類歷史上最偉大的改革運動。無論好壞，它都改變了世界的面貌。馬克思主義不僅僅是一堆令人驚嘆的理念，例如新黑格爾主義（neo-Hegelianism）或邏輯實證論（logical positivism）。沒有人曾經為了邏輯實證論而奮鬥，甚至是犧牲生命，儘管它可能會在學院的教師休息室裡引發怪誕的混戰。即便偶爾可能會有新黑格爾主義者被拖出去槍斃，但原因也不在於他對新黑格爾主義的擁護。在所謂的第三世界裡，飽受摧殘的人們所歡迎的，是社會主義，而不是符號學，也不是接受美學理論（reception theory）。然而，社會主義這種從碼頭工人與工廠勞工發展出來的地下運動，在今日卻似乎僅僅是一種分析《咆哮山莊》（*Wuthering Heights*）的有趣方式而已。

　　全盛時期的文化理論有一種不尋常的特色：它對政治與文化的混合是兩者並重的。在那時，有公民權利、和平運動，也有性實驗、意識的覺醒以及生活形態的浮誇轉變。就這一點來看，一九六〇年代與十九世紀末並沒有什麼兩樣。十九世紀末是個政治基進主義與文化基進主義產生驚人融合的時代。那是個同時有無政府主義與美學至上論（aestheticism）、《黃書》（*The Yellow Book*）[2]與第二國際（Second International）、頹廢與碼頭大罷工的時代。王爾德既信仰社會主義，也主張「為藝術而藝術」（art for art's sake）。威廉·摩里斯（William Morris）是個熱愛中世紀藝術的馬克思主義革命份子。在愛爾蘭，茉德·岡（Maud Gonne）與康斯坦司·馬可維奇（Constance Markievicz）在劇場、婦女運動、獄政改革、愛爾蘭共和運動（Irish Republicanism）與巴黎前衛主義之間穿梭著。葉慈（W. B. Yeats）同時是詩人、神祕主義者、政治組織者、民俗學者、超自然主義者、劇場導演與文化巨擘。在那個奇特的時代，同樣的人物會對通靈會（Theosophy）有所了解，也會為失業進行抗議。那時也有地下的社會主義同性戀者運動。你可以同時著迷於象徵主義（symbolism）與工團主義（syndicalism）。毒品與巫術像女性主義一樣源源不絕。

一九六〇年代承續了部分這種令人沉醉的雜揉。這兩個時期有相同的特色：烏托邦主義、性政治、靈性沉淪、帝國戰爭、和平與同袍的福音、偽東方主義、政治革命主義、異國

2 譯注：西元一八九四至一八九七年，於英國出版的圖文並茂的文學雜誌。

情調的藝術形式、迷幻狀態、返回自然、對無意識的解放。事實上，一九六〇年代反倒是一個比較溫馴的時代；天使的成分多過惡魔的成分，它是一個充滿愛與「花的力量」的時代，而不是一個崇拜撒旦的世紀末。在一九六〇年代末期，婦女運動打造出在全球與個人之間、在政治與文化之間最為緊密的連結。同樣地，部分遺緒又傳薪給後現代時期，也就是下個世紀末。文化是一個可以同時用來面對個人與政治的語言。同樣的說詞可以用來反抗精神醫學，也可以用來反對殖民主義。

文化是一種繼續保持基進政治能量的方式，一種以其他方式繼續政治的工具。然而，文化卻逐漸成為基進政治的替代品。就某種意義而言，一九八〇年代就像缺少了政治的一八八〇年代或一九六〇年代。隨著左派政治希望的消逝，文化研究成為顯學。改變社會的偉大夢想被指責為不道德的「巨型論述」，反倒可能會帶來極權主義，而不是自由。從雪梨到聖地牙哥、從開普敦到特浪索（Tromso），每個人都開始「從小處著手」。微型政治（micro-politics）漫布世界各地。一則關於史詩寓言終結的新寓言史詩開始在全球開展。在這個身染惡疾的地球，到處都有拒絕全球思考的呼聲。使我們連結在一起的事物（「相同」的事物）是有害的。在這個日漸臣服於同樣可恥的饑荒與疾病、複製的城市、致命的武器以及CNN的電視節目的世界裡，「差異」是最響亮的口號。

後現代思想的本能衝動，乃是泯除影像與真實、真理與虛構、歷史與寓言、倫理學與美學、文化與經濟、高階文化與大眾文化、政治左翼與政治右翼的區別；因此，它會對差異如此執迷實在是個頗為反諷的結果。即便當股票經理人與金融分析師將賀德史非爾德（Huddersfield）與香港更加緊密地結合在一起時，文化理論家仍然努力掙扎著將它們分離。在此同時，美國自信滿滿地宣稱「歷史的終結」，而看來它也似乎真的會將之終結。以後再也不會出現重大的世界衝突了。不過，稍後發生的事情顯示，在這則訊息發布時，伊斯蘭原教旨主義者顯然不是很專心。

「文化政治」（cultural politics）已然誕生，但這個詞卻是嚴重地曖昧不明。長期以來，基進份子一直有這樣的認識，即政治變革必須要是「文化的」，才有可能會成功。任何沒有與人民的情感和感受產生連結的政治變革（沒有獲得他們同意、沒有與他們的需求相關、沒有融入他們的認同）是不可能維持長久的。大致說來，這就是葛蘭西所謂的「霸權」（hegemony）。從布爾什維克到布萊希特的社會主義藝術家積極地主張要拆解中產階級公民，以打造出來的新人類（New Man）取而代之。嶄新的政治秩序需要一種新興人類，他們會有不同的感官與身體習性，擁有不同的記憶與驅力。而這正是文化必須達成的任務。

毛澤東怪誕的文化大革命是一個錯誤的示範，因為他犬儒地把「文化」當成一種內部權力鬥爭的武器。不過，其他反殖民領導者則是做了傑出的示範：殖民文化必須與殖民統治一併被拋棄。只是把戴著假髮、穿著長袍的白人法官換成同樣戴著假髮、穿著長袍的黑人法官，是沒有多大意義的。不過，這些反殖民領導者並不認為文化可以取代社會變革。愛爾蘭民族主義者的奮鬥目標並不僅僅在於把紅色的郵筒換成綠色的而已。南非黑人的奮鬥目標也並非僅僅在於主張自己身為南非黑人的權利而已。在所謂的認同政治之外，其實還存在著更多的議題。

對於諸如女性主義的運動而言，廣義的文化並非只是一個多餘的臨時演員而已。事實上，文化是女性主義政治要求的核心，它是女性主義進行表述的文法。在這裡，如同在所有族群政治或性別政治裡，價值、言語、形象、經驗與認同正是政治鬥爭的語言。長期而言，情感的感受方式與再現的形式就跟育兒法規或同工同酬一樣重要。就（性別歧視）意象所進行的鬥爭是女性主義政治解放不可或缺的部分，這與傳統的階級政治是不同的。維多利亞時代的磨坊工人可能會在一大清早起床，好在上工之前一起研究莎士比亞，或是為他們的工作生活與當地文化寫下珍貴的紀錄。然而，這類文化活動並不是為爭取更好的待遇與工作條件而進行的鬥爭中不可或缺的一部分，另一方面，打破性別歧視象徵的鬥爭才是屬於女性主義的一部分。

不過，也存在著可以將經驗以及認同的問題與其政治脈絡脫勾的文化政治形式。它們的重點不在於改變政治世界，而是在於確保人們的文化位置。有時候，文化政治就像那種當你沒有其他種類的政治時所會出現的政治。舉例而言，在北愛爾蘭，天主教徒與新教徒之間的衝突（後者透過選區劃分的方式〔gerrymandering〕確保了數十年的多數地位）被溫和化，成為一種兩個「文化傳統」是否能夠維持相互尊敬關係的問題。幾年前還喊著「趕走教宗！」與「燒死愛爾蘭天主教徒！」[3]的統一主義者（Unionist）忽然間開始以邊緣、充滿活力的少數、文化多元主義的方式來捍衛英國在愛爾蘭的權力。在美國，「族群」通常只意謂著美國本地的少數民族，而不是數以百萬因為美國所施加的體制而飽受摧殘的人們。「族群」所意謂的，是國內的文化，而不是國際的政治。對美國而言，「國外」仍然是個深奧難解的概念，儘管它在最近幾年花了很大的功夫，想要壓抑「國外」令它不快的各種面向。

「文化」是一個難以捉摸的概念，它可以是瑣碎的，也可以是重要的。一團美麗的彩色顏料是文化，透過這些顏料而呈現在我們眼前的挨餓非洲人民形象也是文化。在貝爾法斯特（Belfast）或巴斯克（Basque），文化可以是你隨時準備犧牲他人性命而奮鬥的目標，或者

3 Taig 一詞是對愛爾蘭天主教堂的貶抑稱呼。

（對那些比較不熱中的人）是你隨時準備犧牲自己生命而奮鬥的目標。文化也可以是對U2好壞的爭論。你可以因為文化而被活活燒死，或者，文化也可以是是否應該穿拉斐爾前派（Pre-Raphaelite-style）襯衫的問題。像性一樣，文化是那種你只能藉由高估它來避免低估它的現象。在一種意義上，文化是我們賴以為生的東西、產生意義的行動本身、我們所呼吸的社會空氣；在另一種意義上，文化卻絕非是形塑我們生活的最深刻事物。

無論如何，在我們的時代裡，有非常多的理由使得我們必須高估文化的重要性。如果說文化從一九六〇年代開始在資本主義裡變得日趨重要，那麼到了一九九〇年代，文化已經變得無法與資本主義相互區隔。的確，這正是我們在使用「後現代主義」一詞時所欲指涉的部分意義。在一個由電影明星的總統、充滿情慾誘惑的商品、政治奇觀與數兆元的文化產業所構成的世界裡，文化、經濟生產、政治宰制與意識形態宣傳似乎已經融合成為一個無法進行區隔的單一整體。文化向來是關於符號與再現的；然而，我們現在所擁有的，卻是一個不斷在鏡子前表演的社會，把它所做的每一件事交織成一個蕪雜的巨型文本，在每一個時刻、每一個地方製造出自己的魅影。這就是所謂的電腦化。

在此同時，認同意義下的文化卻變得更加緊迫。體制越是把一種乏味的劃一性文化施加在全球之上，就會有越多人積極地擁護自己國家、區域、鄰里或宗教的文化。在最糟的情形下，這表示文化變得日漸狹隘，也變得更加稀薄。乏味與偏狹相伴相生。當無根的廣告公司總裁搭乘噴射機劃過天際時，地上的人們卻認為不與自己共享相同一片天空的其他人根本算不上是人類。

資本主義總是將各種分歧的生命形式混雜地交織在一起；這個事實應該會讓那些草率地認為分歧性本身即是一種德行的後現代主義者三思。那些認為「動力」（dynamic）永遠只會具有正面意義的人，或許也應該要由人類有史以來最具動力的毀滅性生產體系的觀點來重新思考自己的看法。我們現在所見證的，是這種殘忍無情的毀滅的加快進行，它摧毀了傳統的社群、瓦解了國家的疆界、帶來了大量的移民潮。為了反制這種粉碎一切的變動，基要主義的文化形態已經抬頭。環顧四周，各地的人們都已做好準備要不惜任何代價地成為自己。之所以會如此，部分原因在於其他人已經放棄成為自己的概念，他們認為「成為自己」是對自己活動的不當限制。

基要主義是難以改變的；這點應該會讓我們了解這樣的假設是有問題的，即文化是永遠可以改變的，而自然則是永遠固定不移的。這是後現代主義的另一個教條，後現代主義者總是在注意那些「自然化」社會或文化事實的人，因為「自然化」的作法會使得可以改變的事情變成永恆的或是不可避免的。後現代主義者似乎沒有注意到，這種認為自然是固定不移的看法，早從渥茲華斯（Wordsworth）的時代開始便已歷經許多轉變。由於後現代主義者顯然是生活在一個前達爾文、前科技的世界裡，因此他們未能了解自然在某些面向上是比文化更容易出現變化。事實已經證明，剷平一座山會遠比改變父權體制來得容易。與說服沙文主義者放棄他們的偏見相比，複製一隻羊根本就像是在扮家家酒。要移除人們心中的文化信念（尤其是那些與認同緊緊相繫的基要主義信念）會遠比將森林裡的樹木連根拔起來得困難。

在一九六〇年代與七〇年代開始對馬克思主義所進行的批判，到了一九八〇年代與九〇年代卻以拒絕全球政治的想法告終。隨著跨國企業拓展至全球各地，知識份子卻大聲主張普世性是個幻象。傅柯認為馬克思主義對權力的概念太過侷限，因為衝突事實上是無所不在的；相反地，後現代哲學家尚．布希亞（Jean Baudrillard）卻懷疑波灣戰爭是否真的發生過。在此同時，以前的社會主義鬥士里歐塔則是繼續他對星際旅行、宇宙熵，以及四兆年後太陽滅絕時人類從地球集體離去的探究。對一個反對巨型論述的哲學家而言，這種觀點真是出奇地廣闊。這便是異議知識份子的心靈逐漸昏昧的情形。在一些圈子裡，基進的時髦已經取代了基進的戰鬥。從前的基進思想家現在正忙著修正自己的方向、修剪自己的鬢角，以及打退堂鼓。

一九六〇年代的政治戰士大抵上是樂觀的：如果你有如此熱切的欲望，那你就有可能會達成你所期盼的目標。烏托邦就在巴黎的圓石子路底下。諸如巴特、拉岡、傅柯與德希達的文化思想家仍然感受到這股烏托邦衝動的餘波，只不過他們不再相信烏托邦在實踐中實現的可能性。這股烏托邦的衝動因為欲望的空虛、真理的不可能、主體的脆弱、進步的謊言、權力的無所不在而受到致命的打擊。正如安德森華麗的描述：這些思想家「砲轟了意義、侵略了真理、包圍了倫理學與政治、摧毀了歷史」。[4] 經過一九六〇年代末期的挫敗後，唯一可行的政治似乎只能在對永遠存在的體制所進行的零星抵抗中進行。我們可以使體制陷入一時的混亂，卻永遠無法將它摧毀。

在此同時，你可以在情慾的熾烈、藝術柔和的愉悅、符號愉快的感知上尋找到一種替代性的烏托邦。上述的這些事物都許諾一種更一般性的幸福。只不過唯一的問題是，它永遠不會真的實現。這種情緒可以被弔詭地稱為自由論者的悲觀論。對烏托邦的渴望並不是被放棄，而是沒有比實現烏托邦的企圖更加危害其實現的舉動。「現狀」必須被無情地加以抵抗，然而卻不是以另一些價值的名義；這在邏輯上是完全不可能的作法。這種幻滅又進一步地導致某些日後後現代思想的全然悲觀論。不久之後，光是提到人類歷史曾經有過些許進步的可能，都會招致那些經常使用麻醉劑與抽水馬桶的人們不屑的嘲笑。

---

4 Perry Anderson, *In the Tracks of Historical Materialism*, London, 1983, p. 91.

在傳統上，政治左派的思考方式大抵都是普涵式的，而保守右派份子的思考方式則是偏向漸進式的。現在，他們的角色卻頗具復仇性地顛倒過來。當勝利的右派開始大膽地重新思考地球的形狀時，文化左派則多半撤退回意志消沉的務實論。在某些文化思想家公告巨型歷史論述已經壽終正寢不久後，一種尤其醜惡的巨型歷史論述卻在資本與可蘭經（或者該說是可蘭經的曲解）的戰爭中展開。現在，西方世界的敵人的意圖是消滅西方世界，而不是奪取西方世界並將它轉化。如果某些西方領導者，尤其是那些高高在上的，現在正處於一種祕密的懊悔，懷念社會主義仍然存在的時代，這是可以充分被體諒的。如果他們那時沒有那麼完整地消滅社會主義，搞不好就可以根除某些導致自殺炸彈客的不義。

當然，文化左派的撤退並不完全都是他們自己的錯。正是因為政治右派的抱負是如此雄大，才會使得左派變得如此畏怯。文化左派使得自己完全失去立足點（包括自己國際主義的立足點），只留下一小撮靠不住的理念作為容身之處。不過，在反資本主義運動開始後，為文化左派進行這樣的辯護似乎也不再說得通。儘管反資本主義運動有許多混淆與模糊，但這個驚人的運動卻證明了全球思考並不等於是極權主義。綜合在地行動與全球觀點是可行的。由於許多文化左派早已放棄提及資本主義，所以他們根本連設想什麼可以取代資本主義都懶得想。提及性別或族群是可以接受的；但提及資本主義就是「泛論式的」或是「經濟至上的」。美國理論家尤其如此。正因為他們活在資本主義的核心，所以更加無法看清事實。對於這一點，就算連他們還有少許可以援引的社會主義記憶也是無濟於事。

就某種意義而言，從一九六〇年代到一九九〇年代的遞移使得理論更加務實。結構主義、詮釋學及其他這類理論令人昏頭轉向的抽象為後現代主義與後殖民主義比較明確的真實所取代。後結構主義是一種思想浪潮，但後現代主義與後殖民主義卻是真實生活的形態。至少對那些相信世界上除了言說之外還有其他東西的令人厭煩的老學究而言，在研究流動的意符與探究印度的民族主義或是購物商場的文化之間，是有差別存在的。然而，就像所有人類現象一樣，這種回歸具體的返鄉是值得歡迎的，但也不是全然正面的。一方面，這是一個只相信它所能接觸、體驗與販賣的東西的社會典型特質。另一方面，重拾許多早期概念只是使得概念與社會生活和政治生活的距離更加遙遠。作為一種譯解語言的學科，詮釋學教導我們懷疑明顯不證自明的事物。結構主義給予我們觀察引導著社會行為的隱藏符碼與常規的洞見，從而使得社會行為看來並不那麼自然與自發。現象學將普涵性理論與日常經驗整合為一。接受美學理論檢驗了文學中的讀者角色，但它事實上更是一種關於大眾參與的廣泛政治關懷的一部分。文學的被動消費者為文學的主動共同創造者所取代。祕密終於解開；對於寫作的存在而言，讀者的地位就跟作者一樣重要，而這些長期以來飽受蹂躪與輕視的人們終於提高他們的政治警覺。如果說「權力全歸於蘇維埃！」這樣的說法聽來已經有點過時，那麼，這句話至少可以改寫成「權力全歸於讀者！」

最近的發展趨勢，尤其是在美國，是一種反理論（anti-theory）。正當美國政府比以往更加蠻橫地展示它的權力時，某些文化理論也開始覺得「理論」這個字是令人厭惡的。某些所謂的基進女性主義者向來如此主張，他們認為理論是種男性知識份子的傲慢主張。與他們的多音節（polysyllables）相比，理論只是一種不成熟的、情感有障礙的男性所帶來的產物。不過，「反理論」所意謂的，並不僅僅是要跟理論毫無瓜葛而已。如果只是那樣的話，那麼布萊德．彼特（Brad Pitt）與芭芭拉．史翠珊（Barbra Streisand）都可以稱得上是反理論者。「反理論」的意義，是一種對理論的懷疑，但它在理論上卻是很有趣的。反理論者就像那些告訴你複雜的醫學理由，好叫你竭盡所能地吃下垃圾食物的醫生，或是那些給予你無懈可擊的論證，好叫你犯下通姦罪的神學家。

對於像理查．羅逖（Richard Rorty）與史坦利．費許（Stanley Fish）這樣的反理論者而言，理論是你用來證成你生活方式的方法。[5] 對於你所做的事，理論提供給你某些之所以如

---

5 舉例而言，見 Richard Rorty, *Contingency, Irony, and Solidarity*, Cambridge, 1989 與 Stanley Fish, *Doing What Comes Naturally*, Oxford, 1989。

此的基本理由。然而，反理論者認為這是不可能的，也是不必要的。你無法藉由理論來證成你的生活方式，因為理論正是那種生活方式的一部分，你無從將它與生活方式拆解開來。對你而言，究竟什麼可以算得上是正當的理由或是有效的概念，是由你的生活方式本身來決定的。因此，文化並沒有任何理性的基礎。文化就是文化。你可以證成你的行為中的某個局部，但是你無法為你的生活方式或是信念體系整體提出任何理由。那就好比像是在說祕魯是一件壞事一樣。

其實，這只是中世紀稱為唯信論（fideism）異端的最新版本。你的生活是以某些不可接受理性檢視的信念作為基礎。你並不是以任何理性的理由來選擇你的信仰；相反地，就像水痘一樣，是它們選擇了你。它們是如此徹底地成為你的一部分，所以就算想用雷達找出它們也是枉然的。文化根本就是一種無法或不需要加以證成的東西，就像你並不需要為了剪指甲，得提出一連串錯綜複雜的形上學理由，而且這些理由還得一個比一個來得花俏。這同時也表示，在文化之間，是沒有任何理性的立場可以進行評判的。我無法在我的文化與你的文化之間做出評判，因為我的評判必定是來自我所屬之文化的「內部」，而不是來自某個外在於我所屬之文化的中立點，因為這種中立點根本不存在。所以，我們不是內在於自己的文化而屬於共犯，就是外在於別人的文化而毫不相關。

我們並不需要為自己的作為提供理論性的解釋，這是件令人高興的事，因為這本來就是不可能的。由於我們的文化形塑了我們，所以「為自己的作為提供理論性的解釋」意謂著我們得要跳出自己的皮膚、看見自己正在看著某件東西、反省最初令我們得以成為人類主體的那股力量。我們得要好似自己並不存在般地檢驗自己。然而，我們根本無法這般脫離文化地自力更生。我們永遠無法對自己的生活方式提出一種全面、完整的批判，因為我們根本做不到。無論如何，由於我們只能在自己的特定文化中才可以成為「人類」，所以一種全面、完整的批判將會是我們所無法理解的。這樣的一種批判必須得要來自某種全然超出我們經驗範疇的源頭，例如來自某些孜孜不倦地記錄我們文化習性的非凡而博學的斑馬。一種對於「我們究竟是什麼」的根本批判必然會被我們忽略，因為它無法與我們的日常語言出現任何交集。

上述情形在某種意義上是令人驚慌的，但在另一種意義上則是令人安慰的。之所以會令人驚慌，是因為這表示我們的文化並沒有堅固的基礎。我們之所以會重視亞歷山大・普希金（Aleksander Pushkin）與言論自由，是全屬偶然的。我們只是剛好誕生在會欣賞這類事物的環境之中。所以，我們也可以很輕易地不這麼認為，而在世界其他地方則「正是」不這麼認為。然而，在我們提到悲傷、同情、直角三角形之類的概念時，它們也同樣全屬文化偶然的主張似乎就不那麼容易建立了。當我們指出不應用硫酸乾杯來祝彼此身體健康時，就似乎更模糊了。在許多事情上，我們之所以這麼做的原因，是因為我們是人類這種動物，而不是因為我們是修女或者是馬其頓人。無論如何，這裡所要表達的，是沒有任何事情是必然如此的，因此，我們沒有必要在最深刻的層次上去證成事情之所以如此的原因。

之所以說這種情形是令人安慰的，部分原因在於這種看法使得我們不必去進行許多費力的心智活動，還有部分原因則在於我們文化中的很多事情都是很難加以證成的。依據反理論者的看法，我們並不清楚刑求是不是就像打網球一樣，只是出自偶然。就算刑求是我們不應該做的事（反理論者應當也會如此認為），我們之所以不應該這麼做的原因也是出自偶然。這些原因無關乎人類究竟是什麼，因為人類並沒有什麼特別。我們只是剛好屬於一種文化，而這種文化不贊同以將人們的頭按入水中許久的方式來強行取得自白。而我們會理所當然地認為我們的文化會如此主張是正確的；但這也是因為我們屬於這種文化的緣故。

並沒有太多思想家膽敢在這類議題上採取全然的相對主義，宣稱「如果刑求是你傳統的一部分，那麼，你就應該繼續堅持下去」。他們大多或多或少不情願地，同時還帶著自由主義的罪惡感，指出對有這種傳統的人而言，刑求也是不對的。如果必須選擇的話，大多數人寧可被視為是文化帝國主義者，也不願被視為是刑求的擁護者。只不過對於反理論者而言，現實本身對刑求究竟是值得稱頌的還是令人厭惡的，並沒有抱持任何看法。事實上，現實對任何事情都沒有特定的看法。道德價值就像其他事情一樣，是一種隨機、漂浮不定的文化傳統產物。

無論如何，我們沒有必要因此感到驚慌，因為人類文化「從來」就不是漂浮不定的。然而，這句話也不代表文化有穩固的基礎。「漂浮不定」與「穩固不移」不過是同一個會產生誤導的隱喻的兩面。只有具有穩固基礎的事物才能夠被形容為是漂浮不定的。我們不會因為一個杯子沒有被鐵架固定在桌上，就說杯子是「漂浮的」。文化之所以看似漂浮不定，是因為我們以前曾經認為自己有堅實的基礎，例如上帝、自然或理性。然而，這種對堅實基礎的看法只是一種錯覺。這並不是說這種看法以前曾經成立，現在則無法成立，而是說這種看法自始至終都是錯誤的。我們就好比走在一座高橋上的人，因為忽然明白這座橋有一千英尺高而感到驚慌，從而覺得腳下的地面不再是堅實的。然而，它卻仍然是堅實的。

現代主義與後現代主義有個差異之處。現代主義（或者說它如此想像）的歷史較久，所以它還記得一個人類的存在曾經有穩固基礎的時代，而且仍然因為這種基礎的突然消失所帶來的震驚而感到暈眩。這是為什麼現代主義大抵帶著一種悲劇色彩的原因之一。舉例言之，在山謬・貝克特（Samuel Beckett）的劇作中，雖然已經對救贖失去任何信心，但裡頭所呈現的世界卻好似仍迫切地需要救贖。就算沒有任何超驗慰藉會到來，它仍然拒絕將視線從事物的無可忍受性移開。過了不久，這樣的壓力獲得了抒解，你可以描繪出一個確實不存在救贖的世界，然而，卻也沒有任何事物需要得到救贖。這就是後現代主義的後悲劇世界。後現代主義的歷史太短，所以它記不起一個曾經有過（謠傳的）真理、同一性與真實的時代，因此，它感覺不到腳底有令人暈眩的深淵。它已經習慣踩在晴空之中，所以不會有任何暈眩的感覺。在一種顛倒的幻肢症狀中，似乎有某種根本不存在的東西不見了。在這裡，我們不過是個靠不住的隱喻的囚犯，想像著世界必須像我們站在世界上一般地站在某種事物上。並不是我們腳下純粹的冰雪變成了崎嶇不平的地面；地面從來都是崎嶇不平的。

我們就像剛學會走路的小孩一樣，堅持自己需要奶嘴，非得又哭又鬧地才會明白自己早就不需要奶嘴了。要放開我們形上學的奶嘴，得進行一項重大的發現，那就是事情不會因為我們放開了形上學的奶嘴而出現改變。只要我們能夠接受這一點，我們就會變得是全然後形上學，從而是自由的。無論如何，正如尼采提醒我們的，我們早已殺死了上帝，卻把祂的屍體藏了起來，而且還堅持我們的舉止仍然必須像祂還活著的時候一樣。後現代主義熱心地勸服我們，一旦承認了基礎的崩潰，我們除了身上的枷鎖外，別無所失。現在，我們可以做任何我們想做的事情，不用再拖著一堆笨重的形上學行李來證成我們的行為。在清掉行李後，我們的雙手變自由了。

無論如何，像費許與羅逖的反理論者似乎只是用另一種基礎來替代原來的基礎。現在的世界基礎既不是上帝，也不是自然，而是文化。當然，文化並不是一種非常穩固的基礎，因為文化會出現變遷，而且有各種變異。不過，由於當我們身處一種文化內部時，便無法走出文化之外，所以，文化感覺起來就像黑格爾（G. W. F. Hegel）的理性般，是一種穩固的基礎。的確，就算我們可以望出文化之外，我們究竟會看到什麼，仍然是由文化所決定。因此，儘管文化是一種不穩定的基礎，但它卻仍然是一種基礎。一切由此而出。與其做著自然而然的事，我們做著因文化而然的事。與其依循著自然，我們依循著文化。文化是一組自生性的習性，根深柢固到我們甚至無法對它進行檢視。而正是這樣的特色，使得文化能夠輕易地與批判絕緣。

或許，我們可以對自己最深層的責任抱持反諷的態度，認知它們的專斷性；然而，這種反諷的態度卻不能讓我們真正地擺脫這些責任。反諷的力量比不上信念。於是，文化成為新的自然，就像瀑布般不容置喙。對事情的自然化轉變成對事情的文化化。不管是自然化還是文化化，它們都使事情變得是必然如此的。既然在這個精明、務實的時代裡，每個人都看穿了「自然化」的把戲，所以為了要讓你的生活方式具有正當性，你就需要一種不同的、更流行的論證方式，於是，「文化」的概念因應而生。如果文化是偶然的，它們就永遠是可以改變的；但是它們無法被整個改變，而我們之所以改變它們的原因，也是全屬偶然的。

這樣的論證對我們有什麼用？一些文化習慣，例如認為時間是向前流動的、察覺到他人也屬人類，在我們身上是如此根深柢固，以致於我們無法以外在於它們的方式來認知自己。然而，另外一些文化習慣似乎就不是這麼一回事，例如禁止沒穿晚禮服的顧客光顧熱狗攤，或是拒絕免除貧窮國家的債務。某些反理論者善於把這兩種例子混為一談，使得我們似乎就像無法脫離自己身體般無法離開北大西洋公約組織。另外一種反理論者的策略則是指出，如果我們要對我們的文化提出某種根本的批判，我們就必須站在某種不可能的、超乎我們文化之外的阿基米德點。然而，這種理路卻未能理解到一點，就是對於我們所處境況的批判性反思，原本即是我們所處境況的一部分。這是一種我們存在於這個世界上的特有性質。並非只有在我們全然不在場的時候，我們才能審視自己，這並不是一種像是電冰箱裡頭的小燈的事情。對我們而言，自我反省是件再自然不過的事情，就像宇宙或海浪一樣。我們並不需要跳出我們的身體才能辨得到。如果沒有這樣的自我監督，我們根本無法作為一種物種而繼續存在下去。

事實上，這種特點確實是我們之所以有別於其他動物的地方，不管我們跟牠們有多少相近之處。這並不是說只有人類會詮釋世界，而其他動物不會。所有對現實的感官回應都是一種對現實的詮釋。甲蟲與猴子明顯地是在詮釋牠們的世界，並且依據牠們所見來行動。我們的身體感官本身即是詮釋器官。我們之所以有別於其他動物，在於我們具有再次詮釋這些詮釋的能力。在這個意義上，所有人類語言都是一種後設語言。它是一種對於身體（感官）「語言」的第二階反省。

由於文化理論過分膨脹語言角色的重要性（一種知識份子天生的錯誤，就像小丑特有的憂鬱一樣），所以未能注意到語言這種第二階反省的性質。在最草率的面向上，這使得語言與經驗無法分離，彷彿沒有嬰兒會因為飢餓而哭泣一樣。嬰兒所欠缺的，並不是飢餓的經驗，而是透過一種象徵化行動來指認這種經驗，從而將之放在一個更廣大脈絡的能力。只有透過文化，嬰兒才得以具備這樣的能力。正是透過這樣的文化，語言才得以開展。然而，即便我具有語言，我的感官經驗仍然超出了我的語言。不同於語言化約論者經常會有的想法，身體並不能化約成意義。這種在人類事務中高估語言角色的部分原因，或許是因為哲學家在傳統上多半都是沒有小孩的單身大學教授。大體上喜歡獵狗與馬匹勝過人類的英國貴族，從來就不會過度膨脹語言的角色。

我們可以合理地宣稱，尚未學會語言的嬰孩是可以具有信念，並且是依據理性的基礎做出行動。[6]不過，他們並無法對自己提出道德問題，例如自己的信念是否正確，或者自己的推理是否完善。只有語言動物才能夠成為道德動物。嬰孩與食蟻獸會想要得到他們認為美好的事物，但他們無法想要去追求美好的事物。即便如此，在沒有語言協助的情形下，嬰孩似乎仍然具有辨識、區辨、探究、重新指認與分類的能力。所以，人類之外的動物或許也具備這些能力。從動物的行為看來，牠們似乎具有信念；當然，這句話的意思不是說牠們是社會民主黨人或正統猶太教徒。有些海豚能夠區分「把衝浪板拿到飛盤那裡」與「把飛盤拿到衝浪板那裡」之間的不同，這種能力可是連某些世界級領導者都沒有的。

因此，自我反省（對我們的感官詮釋進行詮釋）是我們之所以為人類的一部分，而且是可以用一種全面性的批判態度來進行的。你並不需要爬出自己的皮膚外才能對自己的境況進行一種根本的批判。你並不需要站在一個形上學的外太空中才能認知到種族歧視的不義。若是這麼做，你反而無法認知到不義的存在。事實上，在我們的文化「內部」有諸多我們可以援引的資源，使得我們能夠進行這樣的批判。反理論者所犯下的錯誤，便是將文化看成一種或多或少具有一致性的整體。因此，對文化的批判不是來自外部（這使得批判變成是無意義

6　見 Alasdair MacIntyre, *Dependent Rational Animals*, London, 1999, ch. 4。

的或是無法理解的），就是來自內部（這使得批判完全失去基進的色彩）。其實，一種文化裡頭會有許多歧異、對立的成分，使得我們能夠據以對其他成分提出批判。依據西方世界的生活方式行動，可以是在皮卡迪里（Piccadilly）設置路障，也可以是推倒皮卡迪里的路障。如果說奶油鬆餅代表一種英國文化傳統，那麼婦女的參政權則代表了另一種英國文化傳統。我們無法全然逃離我們的文化是件好事，因為如果我們可以這麼做，我們便無法對它進行批判性的判斷了。

同樣地，比較兩種文化並不意謂著沒有你自己的文化觀點。文化可以望向自身之外，這是文化之所以為文化的部分事實。實際上，文化的疆界是具有滲透性而模糊的，比較像是視界，而不像是通了電的鐵絲網。我們的文化認同因為文化本身的性質而得以外溢，這種文化認同的外溢既不像是讓人高興的紅利，也不像是令人恐慌的出血。當然，文化之間的翻譯可能會出現重大困難；然而，你並不需要站在某種想像的制高點才能進行文化間的翻譯，就像你在把瑞典語翻譯成史瓦希里語時，並不需要訴諸第三種語言。處於一個文化之中並不像是處於一個監牢之中。它比較像是處於一個語言之中。語言自其內部向世界開展；因此，處於一個語言之中，是被拋入世界，而不是與世界隔離。

於是，反理論者的重點是「只要繼續做我們所做的事就好了，別再理會理論這種令人分神的騷擾」。我們應該忘卻「深刻的」正當化：「深度」只是我們自己弄出來的東西，接著可想而知地讓自己對它敬畏不已。的確，我們已經不再可以用某種全然形上學的方式來證成自己的實踐；然而，這並沒有讓我們的實踐變得脆弱，因為想要責難我們的人也同樣無法用全然形上學的方式來證成他們自己。所以，至少在關於深刻的辯論上，我們應該可以休戰。哲學成了反哲學。對於某些現代思想家而言，思考你所做的事情反而會讓你沒辦法做事，就像你在參加障礙賽跑時，最好不要想著大腿的生理機能。對於參加障礙賽跑的人而言，反省自己正在做的事情確實可能是不利的，不過，這種「不要反省」的結論對於一個因思考而獲得高薪的人來講，似乎是種奇怪的結論。

無論如何，對尼采與佛洛伊德而言，我們之所以能夠成為人類，是有賴於我們在成為人類的過程中所壓抑的事物。因此，我們的天性便是反理論的，即便我們需要理論才能了解這個事實。當然，太多的壓抑會讓我們生病；不過對這種深厚的反浪漫主義觀點而言，壓抑本身並非一種惡。沒有了壓抑，我們就無法說話、思考或行動。只有忘卻自己，我們才能成為自己。對我們而言，自然的是失憶，而不是記憶。自我之所以成為自我，只有透過一種對大部分自我構成的必要盲目才有可能。為了創造歷史，我們首先需要抹除製造出我們的悲慘、血淋淋的系譜學。在另一種意義上，這種想法是非常浪漫主義的：智識是自發性的死亡。就像哈姆雷特（Hamlet）發現的，對周遭世界太過敏感的反省將會癱瘓行動。或者，將這種意見轉換成反理論的說法：如果我們對我們生活方式的基礎提出問題，也就是對我們的文明所賴以建立的野蠻思考得太多，我們將會沒辦法做出那些所有良好公民都能自發性做到的事情。

一九六五年到一九八〇年絕非革命性的文化理念在二十世紀的歐洲首次爆發的時期。儘管這段時期十分令人興奮，但與本世紀稍早橫掃歐陸的現代主義浪潮相比，它看起來倒像是一個蒼白的陰影。如果要選出改變歐洲文化另一個更傑出的十五年，一九一〇年到一九二五年會是不錯的選擇。在這短暫的幾年中，歐洲文化在粉碎後再次重塑。那是個有馬歇・普魯斯特（Marcel Proust）、詹姆士・喬伊斯（James Joyce）、埃斯拉・龐德（Ezra Pound）、法蘭茲・卡夫卡（Franz Kafka）、雷納・里爾克（Rainer Rilke）、湯瑪斯・曼（Thomas Mann）、T. S.艾略特（T. S. Eliot）、未來主義、超現實主義及其他的時代。如同一九六〇年代，它同樣也是一個充滿政治變遷的騷動時代；無論是在戰爭、革命或是社會變動的規模上，一九六〇年代都無法與這段時期相提並論。如果說一九六〇年代與七〇年代見證了左翼叛動的崛起，那麼這段時期則見證了史上第一個勞工國家的誕生。如果說一九六〇年代與七〇年代是殖民革命的時代，那麼一九一〇年到一九二五年則是帝國主義在歷史上氣焰最盛的時刻。

現代主義反映出整個文明的崩潰。一切與十九世紀的中產階級社會配合得天衣無縫的信念（自由主義、民主、個人主義、科學探究、歷史的進步、理性的至高性）全都陷入危機。當時除了科技出現戲劇性的突飛猛進外，還有四處散播的政治動盪。世界有任何固有秩序的看法越來越讓人無法信服；相反地，我們在世界裡所發現的秩序，是由我們自己所加諸的。於是，把這種世界固有秩序視為理所當然的藝術現實主義開始崩潰與內爆。這種從文藝復興時代以來一直居於主導地位的藝術形式開始趨於衰敗。

在上述這些面向上，現代主義預料了文化理論在日後的爆發。事實上，文化理論是現代主義透過其他方式所進行的延續。大約從一九六〇年開始，現代主義的巨作開始失去它們原本具有的擾亂力道。喬伊斯與卡夫卡出現在大學課表裡，而現代主義的畫作則成為自重的大型企業必須擁有的高獲利商品。衝到演奏廳裡的中產階級因阿諾·荀伯格（Arnold Schoenberg）的音樂而戲謔地大表憤慨，貝克特僵硬、憔悴的劇中人則出現在倫敦的舞台上。布萊希特被去疏離化，同時一整群的法西斯同路人則是在政治上被徹底消毒。實驗到令人驚駭的艾略特則被授予勛位。現代主義運動背後的異議衝動仍然四處存在，在晚期的超現實主義與狀況主義（situationism）中徘徊不去。不過，這個運動整體上的顛覆氣力已經用盡。

這股異議衝動必須遷徙至他處；而文化理論正是它的安身所在。諸如巴特、傅柯、克莉絲蒂娃與德希達等等的作者其實是現代主義晚期的藝術家，只不過他們對哲學比對雕刻和小說更感興趣。他們有偉大現代主義藝術家的天賦與破除迷信的能力，同時也繼承了他們那種恐嚇性的氣質。於是，在概念與創意之間的界線開始模糊。這是為什麼某些比較不具想像力的哲學家會譴責這些思想家的原因；而且，他們甚至未能了解這些思想家所從事的正是哲學。這是十分不可思議的，因為哲學（對這個主題做出盡可能明確的界定）意謂著用某種特定的方式談論某種東西。時間是一個十分正當的哲學主題，但普魯斯特卻沒有用正確的方法來談論它。並非每個人都認為死亡是一個有效的哲學概念，但如果你不是用馬丁．海德格的語言，而是用唐納．戴維遜（Donald Davidson）的語言來談論它，它就有可能會成為一個有效的哲學概念。現在，個人認同正好是個正宗的哲學主題，然而痛苦似乎則否。此外，這些法國思想家明顯屬於政治左派，而正統的哲學家卻是全然非政治的。也就是說，他們是保守主義者。

那麼，為什麼文化理論逐出了文化實踐？其中一個答案正是因為文化實踐已經存在了，其形式即是現代主義全盛時期的藝術。沒有什麼事情會發生兩次，因為它已經發生過了。二十世紀歐洲的重要藝術，乃是現代西方文明危機首次對文化生活造成精神衝擊時的產物。一旦衝擊已經造成，便很難再一次感受它所帶來的驚人即時性。除非是住在聖安地列斯斷層上，否則要讓一個人腳下的土地坍塌兩次是一件不容易的事情。我們已經習慣了絕對價值的失去、進步乃屬迷思、人類的理性是種幻象，以及我們的存在是種徒勞熱情這樣的生活。我們已經習慣了我們的恐懼（angst），並且開始擁抱這種沒有枷鎖的生活。

無論如何，上述這些想法所具有的驚駭性，只有在與傳統的、相對穩定的文化背景相互對照時，才會全然浮現。在一九二〇年，這樣的文化背景仍然依稀可見；然而，到了一九七〇年，這種文化背景已經快速地消失。到了後現代主義開始出現在地平線上時，這種文化背景幾乎已經消失在記憶中。隨著資本主義企業的腳步逐漸加快，易變、瓦解、變態與煽情成為當下的秩序。這些秩序並沒有特別令人感到不快，因為用以衡量它們的規範已經蕩然無存。就算是家庭的價值也不能被拿來與這些秩序相對照，因為家庭的價值早已被電視上的瓦解、變態與煽情所滲透。

如同一九六〇年代與七〇年代的文化，現代主義可以理所當然地認為現實主義仍舊是最具宰制性的文化建制。的確，現實主義或許是西方歷史中最具活力的文化形式。這樣的事實顯示出一點，亦即在西方的心靈裡，現實主義至少具有某種根深柢固的特質。真正有價值的，是一種鏡子映出世界的藝術，而在這個鏡子映出來的世界裡，你可以認得你自己。至於究竟「為什麼」這樣的藝術會被認為是有價值的，這個問題實在很難回答。答案可能是基於有關魔術的理由，而不是基於美學的理由。要解釋我們為何會有一種幼稚的樂趣，想要盯著一個跟實際世界的香蕉一模一樣的影像看，實在是件不容易的事。

因此，現實主義乃是新的文化運動所企圖摧毀的目標。不過，新文化運動對藝術與思想所進行的實驗也因而仍然必須仰賴現實主義。除非我們通常所看到的都是非立體派的油畫，否則我們不會覺得立體派的畫作有任何吸引人之處。不諧和有賴於和諧感。在某些面向上，現代主義對現實主義的攻擊是失敗的。到了一九三〇年代，現實主義再度復甦。在一九六〇年代與七〇年代，新興的文化理論憑藉現代主義藝術的協助，再次對現實主義發動了一次英勇的攻擊，希望能把它趕走；然而，這次的攻擊大抵也是失敗的。不過，沒有人料想得到，西方文明本身在此時已日趨走向非現實主義。隨著資本主義社會日漸依賴於它對神話與幻想、虛構的財富、異國情調與誇飾、修辭、虛擬真實與純粹表象的日常操作，現實本身現在已經開始擁抱非現實主義。

因此，這樣的現象乃是後現代主義的根源之一。當重點不再是擁有關於世界的資訊，而是作為資訊的世界時，後現代主義開始了。忽然之間，反現實主義已不再只是一個理論的問題。你如何能夠以現實主義的方式來再現有著不可見而大量的溝通交織迴路、無止盡的符號喧雜往復的當代社會？你如何能夠再現星戰計畫，或是數百萬人死於一場生物攻擊的可能性？或許，當沒有人可以再再現，或是再被再現的時候，再現的終結將會到來。基進的現代主義者一直試著要泯除藝術與生活的區隔。現在，生活似乎為他們完成了這項工作。不過，現代主義者心裡所想的，是諸如在工廠裡透過擴音器來朗讀你的詩句，而後現代主義者心裡想的，則大多是諸如廣告與公共關係。一股左翼的現代主義小浪潮試圖重新創造出更具異議性的方法，好將文化整合進入社會生活；然而，這種嘗試根本比不上政治奇觀的製造或真人實事的電視節目（reality TV show）。對僵固價值階層所進行的基進攻擊，毫不費力地被融入可以革命性地敉平所有價值差異的市場之中。

現代主義與一九六〇年代的情感氣氛是相當不同的。兩者均為一種安樂、愉快的氛圍所環繞，這種氣氛與現代化的突然爆發有關。作為一種文化運動，現代主義尤其是一種針對原本的傳統社會在大規模的現代化下所造成的令人驚慌與興奮的衝擊而進行的回應。這是何以英國的自發性（相對於被引進的）現代主義主要是出自在文化上傳統、在政治上擾動、直至晚近才現代化的愛爾蘭的原因之一。即便現代主義對這些革新性的力量抱持極為批判的態度，它仍然被這些力量的開朗與生氣所感染。無論如何，在整體上，現代主義時期的氣氛是焦慮而苦悶的，然而，一九六〇年代的氣氛卻是鎮靜而隨意的。現代主義為文明崩潰的天啟景象所纏繞，而一九六〇年代對未來卻多半是興高采烈的。只不過一九六〇年代對天啟的夢想有些是由毒品所引發。

現代主義與文化理論均為國際性的運動。兩者都瞧不起地域觀念，不管在心靈上還是在實際空間上。典型的現代主義者是流亡者與移居者，日後某些主要的文化理論家亦是如此。就像革命性的勞動階級，現代主義藝術家沒有祖國，他們跨越國界就像他們跨越藝術形式、小集團或宣言一樣地簡單。現代主義藝術家聚集在一些多語言的大都會裡，他們在藝術裡建立家園，而不是在民族國家裡。藉此，他們尤其得以彌補喪失真正家園與國家傳統的缺憾。現代主義是種混種的事物，揉合了各種國家文化的段落。如果傳統世界現在已變成碎片，如果各種人類認同現在都已成為拼貼，現代主義者會從這樣的歷史必然性中揀選出一種藝術家的德行，在破爛不堪的意識形態瓦礫中蒐集可用的事物，從而創造出神奇的新事物，就像查理．波特萊爾（Charles Baudelaire）的拾荒者一樣。

日後的文化理論也以類似的方法橫跨了語言學、哲學、文學、政治、藝術、人類學等等，打破了傳統的學科藩籬。它是一場圖書館館員的夢魘。「結構主義」、「理論」、「文化研究」一本來只是臨時性的標籤而已，就像上一輩的「存在主義」一樣。如同存在主義，新起的文化概念關切的是日常生活與學院生活的深刻變遷，以及在品味、感受性、社會價值與道德議題上出現的深刻變化。同時，文化理論泯除了大眾文化與小眾文化的區隔：你可以用結構主義的觀點來詮釋《大力水手》（*Popeye the Sailorman*），就像你可以用結構主義的觀點來詮釋《失樂園》（*Paradise Lost*）一樣。如同現代主義全盛時期的藝術，文化理論一開始在討論大眾文化時也是由上而下的。無論是艾略特論綜藝劇場，還是巴特論摔角，他們都是屈尊去論及通俗的事物，卻未稍減自己的氣質。直到後現代主義之後，真正的變化才出現，因為理論與藝術都明顯地變成無階級的與消費者友善的。曾經夢想著無階級社會秩序的左翼理論家僅僅需要睜開他們的眼睛，便能明白這樣的社會秩序已在購物商場中獲得實踐。

這兩個時期也同樣都是心靈極端論的時代。如同語言與藝術形式，人們只有在被逼迫到一種極限時，才會揭露出他們的真實。既然你主張權利，為何不對其他東西一併提出主張？為何要接受過時的形式，把新酒倒進舊瓶裡？這並不僅僅只是思考新的思想這樣的問題而已；事實上，需要被打破與重新形塑的，正是我們的思考架構本身。這同樣也不僅僅只是生產新文學或新哲學這樣的問題而已，而是要發明出一種全新的寫作方式。諸如海德格、阿多諾與德希達的哲學家，他們只有藉由創造出新的文類、打破詩與哲學的界線，才能真正地表達出他們所要講的話。在使用概念時，你必須同時指出它們的限制、凸顯它們的界線、使它們從裡頭內爆；這即相當於現代主義中的反諷。就政治而言，你需要創造出一種新人類，這種人類不只會避免進行暴力與剝削的行為，他們甚至必須是在生理與道德上便是無法進行這類行為的。整個世界都處於大變動的邊緣，對自己不可能的想望的信念與堅持將會帶領你進入彼岸。過去已經一筆勾消，現在即是永恆，而未來已然降臨。

儘管各種概念在這兩個時期源源不絕地迸發，但兩者都對人類的理性懷有深刻的疑慮。現代主義對頭重腳輕的維多利亞理性主義的回應，轉向異國情調、原始、古代與無意識。真理只能透過內臟與生殖器來感受，而不是透過頭腦。動物的自發性是最新的知性實驗。儘管現代主義有自覺的現代性，它卻是個充滿神話、沾滿血液與土壤的時期。讚頌黑暗神祇的勞倫斯便是一個典型的現代主義人物。藉由對過去古代影像的凝視，我們會被倒推回未來，而這裡所謂的過去，其意義是類似於烏托邦，因為它從來未曾存在過。

一九六〇年代也崇拜快樂的幻覺，以及各種虛假的原始與東方形式。到處布滿呆滯的無辜。知識份子對全然無知的價值發表深奧的演講，而上了年紀的嬉皮則在海德公園裡裸舞。精神分裂症患者被稱為是新意識形式的先行者。人們狂熱地信仰心靈的擴充，只不過他們的方法是透過毒品，而不是透過魏吉爾（Virgil）。在這兩個時期，有時實在難以在對理性的創意性挑戰與貧乏而過時的非理性主義之間進行區分。你究竟是需要一種全新的意識，還是意識本身就是個問題？邏輯是否是統治階級的陰謀？里歐塔宣稱：「我們並不是因為資本是非理性的，所以才要摧毀它；我們之所以要摧毀資本是因為它是理性的。」[7]在這兩個時期，

---

7 引自 Anderson, *The Origins of Postmodernity*, p. 27。

都存在著從智識到簡單的鄉村生活或無意識的模糊深處、熱帶島嶼、具體詩句、赤裸感官或迷離幻想的逃亡。反省是問題，而不是解決之道。

一九六〇年代與七〇年代見證了諸多高度複雜理論的出現；不過，很諷刺地，它們大多都是出自對無可理論化之事物的迷戀。大體而言，這些理論重視無法被思索的事物更甚於可以被思索的事物。所需要的是一種超越理論的理論。如果說概念是屬於當下的退化語言，那麼，凡是可以逃離這牢籠的東西都能夠讓我們一瞥烏托邦的存在。欲望、差異、身體、無意識、愉悅、流動的意符：所有這些最終都使理論遭受挫敗，滿足了理論的受虐喜悅。無論如何，要能認知到這點，需要進行深刻的思索。只有細膩的思想家才能探究出思想的侷限。理論就像順勢療法，使得我們可以透過反省而超越理論。不過，這與日後反理論者庸俗的自滿是不同的，這些反理論者的忠告可以用羅遜一句平易近人的訓誡作為總結：「別抓不會癢的地方。」

現代主義與「複雜」文化理論的最後一個共同點，是它們多面向的企圖心。兩者都準備進入危險的領域探險，勇敢地討論具有終極重要性的議題。它們發展出新的概念、設計出新的方法。這些作者的探索範圍涵蓋政治與性慾、語言與文化、倫理學與經濟學、心靈與人類文明。今日的文化理論則節制許多。它不喜歡深度的概念，對基礎原則感到困窘。一想到普遍的概念，它就不寒而慄；它也不認同具有企圖心的概觀。大體上，它只會認為這種概觀是具有壓迫性的。它相信在地、實用、殊異。相當反諷地，在它所相信的事物上，它幾乎與它憎恨的保守主義沒什麼兩樣，因為保守主義也同樣只相信它所能見到與所能處理的事物。

不過，其實還存在著一個更深層的反諷：正當我們開始從小處思考時，歷史卻開始從大處行動。「全球思考，在地行動」已經成為熟悉的左派口號；然而，我們所處的世界卻是一個政治右派全球行動，後現代左派在地思考的世界。隨著資本主義的全球化巨型論述以及相伴而來的破壞性反抗在地球上開展，許多知識份子卻幾乎已不再以政治的方式來進行思考。面對無情的政治敵人，以及因之而起的基要主義敵人，西方世界無疑地必須對自身文明的基礎進行更多反省。

然而，它卻必須要在這個哲學家連忙趕來通知這樣的基礎打從一開始就不存在的時刻進行反省。壞消息是國王是裸體的。於是，在這個慵懶的文化思想家指出對自我生活形式的正當化既是不可能亦是不必要的時刻，西方世界必須要為自己的生活形式提出某種具有說服力的正當化理由。在這個後現代思潮對真實與現實深表懷疑的時刻，西方世界被迫得要對自己存在的真實與現實進行反省。簡而言之，它得要在一個日趨淺薄的時代進行深刻的反省。

不可避免的結論是，文化理論必須再次進行具有企圖心的思索；這麼做並不是為了要給予西方世界自我正當化的理由，而是為了要理解文化理論現在所涉入的巨型論述。然而，在我們檢驗這究竟意謂著什麼之前，我們必須先了解文化理論目前的得與失。

第四章

得與失

Losses and Gains

對於某些文化理論的批評者而言，「文化理論」本身便是一個矛盾的概念，就像是「法西斯主義的知識份子」或「阿拉巴馬州的高級料理」一樣。藝術與文學最大的意義就在於它們的獨特性。藝術作品與文化是活生生的經驗，而不是抽象的教條。它們是感官的、細膩的，而且是獨一無二的。抽象的概念難道不正抹煞了這所有的特質嗎？要發展關於藝術的理論難道不就像是想要發展出關於皺眉頭或擁抱的科學嗎？你無法對個別的事物發展出科學。昆蟲學家研究昆蟲的生命，但他們卻不會僅僅只是對一隻特定的蜘蛛進行研究。理論是一般性的，而文化則是特定的。即便我們對文化做出比較廣泛的界定，將它界定為一群人就他們的處境進行符號上的理解，但我們所談論的，仍然是這群人的生活經驗。因此，很難看出我們如何能夠為這樣的東西發展出理論。

的確，關於藝術的所有討論都是抽象的。在這一點上，文化理論也不例外。你可以談論當詩的語調從消沉轉變為狂喜時，是如何地令人難以忘懷，但當你這麼做的時候，你便是在以抽象的方式進行討論。「象徵」這個字就跟「意符」一樣抽象，只不過大多數的人會覺得「象徵」這個字眼聽來很熟悉，而「意符」則否。在所謂的日常語言中，有一堆屬於術語的詞彙，只不過我們忘了它們是術語而已。「人物」與「獨白」已不再屬於術語，而「階級鬥爭」與「父權體制」則仍然屬於術語。對於英國保皇黨人，「女王陛下」不會是術語。「第二期癌症」對美髮師而言是術語，但對外科醫師則否。「術語」往往意謂著你正好不同意的概念。一位《泰晤士報文學增刊》（*Times Literary Supplement*）的前編輯便非常令人敬佩地宣稱，他總是在例如「言說」這類的字眼上用藍鉛筆畫個圈。對他之前的編輯而言，被畫上圈的字眼可能是「蒙太奇」與「精神官能症」。或許「他們」更之前的編輯會畫圈的字眼則是「演化」與「社會學」。

無論如何，認為所有藝術都具有明顯殊異性的假設是十分晚近的想法。儘管這種假設如此喜愛殊異，它卻奇妙地偽裝成一種普遍的真理。事實上，藝術被重新界定為殊異，是十八世紀末葉的事情。山謬・約翰生（Samuel Johnson）認為殊異是乏味的，而普遍則是令人興奮的。魏吉爾、尤里庇狄斯（Euripides）、但丁（Dante）、拉伯雷（Rabelais）或莎士比亞大概不太可能會這樣看待藝術。事實上，他們可能根本沒有和我們今日相同的藝術概念，或甚至是完全沒有關於藝術的概念。我們今日認為理所當然的藝術概念，不過是在兩個世紀以前才創造出來的。而它也不是從來沒被挑戰過；在它誕生約一個世紀後，它就受到現代主義運動的猛烈攻擊。

錯引一段喬治・歐威爾（George Orwell）講的話，所有的語言的確都是抽象的，只不過某些語言比其他的來得更抽象。不過，這並不必然就是理論與其他談論藝術與文化的方式的差別所在。山謬・泰勒・柯立芝（Samuel Taylor Coleridge）與T. S.艾略特多半不會被視為「理論家」，但他們有時就像德希達一樣抽象。你可以寫下一則敘述崎嶇不平的輪廓，或是一套措辭充滿顆粒的紋理，然而，這些是已被「接受」的術語形式，還有其他談論藝術的形式則否。事實上，這類的可接受術語是當代文學評論的固定方式。從雪梨到聖地牙哥，這樣的方式都可以馬上被辨識出來，就像共濟會會員彎曲的手指一樣。在今日，要成為一個文學評論家意謂著得要學會如何流暢地運用這類語言。

如果「詮釋現象學」算是術語，那麼碼頭工人與汽車技工在工作時所使用的語言也是術語。如果豬農覺得律師難以理解，那麼律師也同樣會覺得豬農令人困惑。有時我們需要的是術語，而有時我們需要的則是日常語言。我們不會介意醫生問我們「今天肚子覺得怎樣」，但如果這位醫生在診斷書上寫「肚子痛得快死了」，我們大概會對他的專業能力失去信心。如果一個藝術評論家寫道，油畫中心有個很有趣的紅色小東西，我們便會懷疑花費在她教育上的公共資源到底值不值得。我們也不會想要聽懂水手把救生艇放下去的方法。在很多生活狀況裡，我們會因為聽得懂所說的內容而感到不快樂。在機場塔台和我們所搭飛機的機長之間的通訊裡，我們大概不會想要聽到「再往左一點，然後再隨便飛一陣子」的內容。

即便如此，這仍然沒有給予一個有名的文學理論家寫出如下句子的理由：「The inchoate in-fans ab-original para-subject cannot be theorized as functionally completely frozen in a world where teleology is schematized into geo-graphy.」在幼稚園裡，把字用連字號拆解開來是一種有助於理解的方法；然而，在上述的句子裡，這種作法只會是一種具有反效果的愚蠢做作。這類術語比較像是部落歸屬的象徵，例如醫師故意露在口袋外面炫耀的聽診器。這類語句不僅是勞動大眾無法理解的；對大多數非勞動的知識份子而言，同樣無法理解。有時不禁令人懷疑，是否連講出這種句子的人本身都不見得完全了解自己在說些什麼。寫出這種句子的人根本不想讓別人理解。一個「文學」學者（也就是特別因為對語言有某種敏銳度與感觸而得到薪資的人）寫出這樣的東西，就像是一個近視的光學儀器商或是極端臃腫的芭蕾舞者。搖滾歌星與足球員需要影子作家，好讓他們聽來比較聰明、比較會說話一些；而這類作家則需要影子作家，好讓他們的散文變得更愚蠢、更幼稚。

並不是所有理論家的寫作風格都是如此慘不忍睹。事實上，其中有幾位（阿多諾、巴特、傅柯、詹明信）是當代文筆最好的作家。艱澀與模糊不清是兩回事。艱澀是關於內容的，而模糊不清則與呈現內容的方式有關。有許多概念，尤其是關於科學的，的確是無法適切地加以簡化。並不是所有智慧都是簡單與自然的。「所有偉大藝術的祕密在於其單純」，這種話只是簡化論的胡言亂語。然而，我們的確可以對某些深奧的議題進行清晰的寫作，正如同某些理論家非常了不起地對明顯易懂的議題寫出奧祕難解的文章一樣。

「基進」文化理論如此刻意的模糊不清是十分可恥的。可恥的原因，並不在於只要它能使用比較短的字句，便可以親近勞動大眾。之所以可恥，是因為整個文化理論的概念在根本上是個民主的概念。在過去那段不太美好的歲月裡，文化被認為是某種你的血液裡需要具有的東西，就像瘧疾或是紅血球。每一代的人都得像紳士一般可以立即區分出新鮮與陳腐的隱喻。文化並不是某種你能獲致或習得的東西，就像你無法獲得第二雙眉毛或學會如何勃起一樣。禮節是自然而然的。你對斯湯達爾與林布蘭（Rembrandt）的判斷就像打噴嚏一樣自然，就像為年長的女士開門一樣是出自本能。誕生於一九六〇年代濃密民主叢林的文化理論有不同的看法：要談論文化，只需要學會某種特定的討論方式，不需要擁有高貴的出身。而且，這種討論方式大體上是每個人都能參與的。

任何普通人在打開一本植物學的教科書後，都不會因為無法立即了解內容而憤怒地闔上它。既然藝術與文化至少就像植物的生命一般複雜，那麼對它們的討論應該也不會是立即易懂的。然而，許多覺得植物學難懂是不足為奇的人們，卻會因為無法理解對一件雕塑或一部小說的解釋而感到憤慨。這種現象有個有趣的理由。藝術與文化所處理的問題，應當是「人類的」，而不是「技術的」；它們所處理的，是關於愛、死亡與欲望的問題，而不是關於侵權行為法或是十足目生物（如螃蟹）的有機構造。而且，我們一定可以理解關於「人類」的事情。事實上，「人類」與「技術」是個十分有問題的區分。對亞里斯多德而言，作為人類在某種意義上是一種技術性的事情，如同愛之於湯瑪斯・阿奎納（Thomas Aquinas）、欲望之於佛洛伊德，以及死亡之於殯葬業者。而在藝術裡，要區別「人類的」與「技術的」並不是件太容易的事。

無論如何，藝術大體上似乎是每個人都可以接近的，而十足目生物的有機體結構則否。事實上，某些關於十足目生物的文章可能會比喬伊斯的《尤里西斯》（*Ulysses*）或保爾・策蘭（Paul Celan）[1]的詩要來得易懂許多。隨著現代主義的到來，藝術作品的語言與日常生活的語言之間開始出現重大的歧異，喬治・艾略特（George Eliot）[2]無疑會對這點感到訝異。人們的說話方式或許偶爾會如同《亞當・比德》一般，但絕對不會像《芬尼根守靈記》（*Finnegans Wake*）。然而，隨著後現代主義的到來，媒體的語言與諸多文化的語言再次回歸日常生活的語言，而這也再度強化了這個（比後現代主義還久遠的）信念：藝術是屬於人類

1 譯注：西元一九二〇—一九七〇年，出生於羅馬尼亞，但主要以德文進行寫作，作品包括〈死亡賦格〉（*Todesfuge*）。

2 譯注：西元一八一九—一八八〇年，英國作家，本名為 Mary Ann Evans，著有《亞當・比德》（*Adam Bede*）、《織工馬南傳》（*Silas Marner*）與《福洛斯河上的磨坊》（*The Mill on the Floss*）。

共同關切的事物，以及以非共同語言來談論共同關切乃是自相矛盾的。

這顯然是個錯誤。與每個人都有關的問題，並不盡然都是簡單的。肺臟與肝臟是與每個人有關，但針對它們進行的醫學討論卻十分深奧難懂。醫學討論提出許多細緻的區隔、描繪複雜的過程，這些都是我們日常生活語言辦不到的。道德也是人類共同的關切，然而由於何為良善生活的問題是如此難以回答，所以道德哲學必須發展出它獨特的言談形式，才能處理這樣的問題。對精神病或政治的討論也是一樣。就精神病而言，很有趣的一點是精神分析是少數可以滲入日常生活語言的理論之一。令人驚訝地，精神分析這種極為難懂的理論，卻是會在街談巷議出現的尋常事物。諸如「自我」、「戀母情結」、「性衝動」、「妄想症」與「無意識」等詞語，早已成為日常生活語言的一部分，而「意識形態」、「商品拜物教」或「生產模式」則否。

造成這種現象的原因本身即是值得探究的。這或許和精神分析的語言具有某種奇特、聳人聽聞的特質，從而得以攫獲大眾的想像力有關；而馬克思主義或符號學的語言則欠缺這種魅力。神學是另一個模糊不清的術語成為數百萬人日常生活用語的特殊例子。「恩典」、「聖禮」、「三位一體」與「原罪」絕對不是簡單的詞彙，但它們卻無疑是日常生活的用語。如果普通人認為這些複雜的概念與他們自己的生活有關，他們對這些概念的理解就不會出現任何困難，就像如果談論的是他們的薪水時，他們不會覺得複雜的經濟學難以理解。

我們已經習於使用日常生活的語言來談論關於人們全體的議題。報紙便是一個明顯的例證。我們也習於以特殊的語言來討論關於少數人的議題，例如養鴿或性虐待。因此，當人們共同關切的問題是以特殊方式來表達時，便會讓人覺得驚慌失措。這種情形是很讓人沮喪的，因為這讓我們覺得我們必須要理解這種語言，但事實上我們卻無法理解。古典知識份子的角色便可以形容為是在以特殊的方式討論人們共同關切的議題。在我們的時代裡，知識份子變成了「文化理論家」。現在，「文化」是我們能夠像傳統知識份子般提出銳利、根本問題的場域之一。

情況並非總是如此。從歷史上看來，知識份子所著力的場域不停地在變遷。知識份子必須找到可以對人性提出更具一般性、根本性問題的特定語言。他們在尋找一種我們可以稱之為後設語言的語言；透過這種語言，他們可以同時討論諸如政治學、倫理學、形上學等等問題。有時候這種學院主題可以提供他們暫時的棲身之處，有時候則是另外一種。遲早，他們都會發現自己遭到驅逐，而必須尋找其他住所。

曾經有段時間，神學（所謂的人文學女王）提供了知識份子紮營的所在。神學很輕易地便與倫理學、政治學、美學、形上學、日常生活與終極真理連結在一起。直到神學成為人文學聲名狼藉的女王後，這樣的連結才宣告結束。在接下來的時間裡，是由哲學提供知識份子棲身之所；事實上，在哲學還沒被化約為枯燥語意學的歐洲文化裡，它仍然是知識份子的棲身所在。在十九世紀，科學顯然成為知識份子的住所。現在，自然科學成為人類知識的典範，它的影響遠遠超出物理世界的自然。科學影響了倫理學、社會學、神學、哲學、文學等等，從而成為知識份子能夠安身立命的繁忙十字路口。如果伏爾泰（Voltaire）與盧梭（Rousseau）是十八世紀的典型知識份子，那麼十九世紀的典型知識份子即是達爾文（Darwin）與赫胥黎（Huxley）。不過，十九世紀也出現了所謂的博學之士（man of letters），他們的工作是來回於各種專門化的知識領域之間，從一種在道德上較為廣闊、對社會較為負責的人本觀點上對它們提出評斷。這類博學的業餘者如果想靠當評論者過活，便必須精通一種以上的主題。十九世紀也出現社會學與人類學的新興學科，在某種程度上，它們似乎也可以作為後設語言。

只有在這裡，才能發現古典知識份子的本質。知識份子並不僅僅只是偏狹的專家而已。事實上，一種對知識份子最簡潔的界定，乃是學究的相反。沙特只有在核子科學家曾經簽署過反對核子測試請願書的情形下，才會認為該位科學家是個知識份子。知識份子所關切的，是對於社會與人性整體所提出之意念的旨趣。因為知識份子所處理的，是基本的社會、政治與形上學的問題，所以他們必須精通一種以上的學術領域。可以在諸如威廉斯、蘇珊・桑塔格（Susan Sontag）、哈伯瑪斯、克莉絲蒂娃或傅柯的學者身上貼上什麼學院標籤呢？事實上，並不存在什麼明確的詞語可以形容這類思想家，這也是為什麼「理論」這個模糊的字眼會存在的原因之一，而他們的作品無法被簡單歸類的事實，則是「理論」這個詞彙的核心意義。

不過，這裡有個明顯的業餘性危險。由於知識日漸複雜化與技術化，所以需要有能力擺脫自己學術近視的思想家來處理某些侵擾整個社會的問題。事實上，部分問題所關切的，正是一開始導致這種知識分工的原因。然而，在一個知識部門化的世界裡，這樣的人物該站在哪裡？他們究竟該說些什麼，才會被認為是中肯切題的？他們難道不需要站得遠遠的，以致於所說出的話變成聽不清楚的細語？一種攻擊知識分工的言說又如何可以取得智識的正當性？

簡而言之，越來越少的空缺可以容納賢人、先知、四處巡遊的道德家、純文學作家、滔滔不絕的哲學家與販賣宇宙意義的商人。在某種意義上，這是一種進步。可以不用再受到像湯瑪斯・卡萊爾（Thomas Carlyle）[3]這樣的人以威權主義的咆哮來嚇唬，或是接受像馬

3 譯注：西元一七九五－一八八一年，英國作家，這裡主要指的是卡萊爾對議會民主的攻擊。卡萊爾認為家父長式的政府是必要的，並且相信社會必須在「英雄」的帶領下進行有意義的轉變，並出版了名為《英雄與英雄崇拜》（*On Heroes, Hero-Worship, and the Heroic in History*）的演講。

修・阿諾（Matthew Arnold）[4] 這樣的人以乏味概論所施捨的恩惠，實在是一件令人欣慰的事。不過這種狀態對於一種不想接受根本性挑戰的社會秩序也是極為有利的。現在的知識份子必須找出方法提出根本性的挑戰，一方面不能落入紳士學者爽朗的業餘態度，另一方面則必須避免向近視的學者投降。知識份子卡在學究與業餘者中間，卻對兩者都看不順眼。對學究而言，知識份子瞧不起他們的傳統學院分工；但對業餘者而言，知識份子的語言又太過技術性。而且，兩個陣營的人都因為知識份子涉入政治過深而無法與之相處。

從十九世紀末葉以降，知識份子所扮演的角色逐漸轉讓至人文學者手中。之所以發生這種變遷，有好幾個原因。在一個由科學與商業主導的世界裡，人文學科日漸被排擠到邊緣；然而，這卻使得人文學者可以從一定的距離來對社會秩序提出有力的觀察，這是深陷在商業、科學與科技利益裡頭的學者辦不到的。於是，很反諷地，人文學科在一個庸俗社會的日趨多餘卻反而使得它們佔據一種嶄新的精神中心性。只不過，它們也因為同樣的理由而不受重視。

除此之外，人文學科，或「文化」，是可以最敏感地察覺現代性整體危機的所在。文化

4　譯注：西元一八二二—一八八八年，英國詩人。

是關於禮儀、社群、想像力的創造、精神價值、道德素質與生活經驗的紋理的，而這所有一切都受到缺乏靈魂的工業資本主義的圍攻。科學、哲學與社會學似乎已經全都臣服於這種野蠻的秩序。哲學沉迷在「什麼都不重要」與「什麼都不重大」的邏輯區分裡，從而對改變世界沒有太大的興趣。道德思想認定受到啟蒙的自利心是人類生活的驅力。社會學研究社會的實然面，而非應然面。看來，似乎只剩文化可以負起重任。

既然宗教日趨衰微，在這個對基本目的與價值這種空虛概念感到不耐的社會裡，文化似乎成為唯一一個人們還可以提出這類問題的場域。然而，文化如果可以是具有批判性的，部分原因在於它是日漸不重要的，從而可以允許它所提出之沒有作用的異議。文化對當代問題所提出的解決之道，有許多都是向後看的、高貴的，而且是非常高傲的，而這正強調出它的悲哀。如同宗教，文化在理論上通常是受到重視的，然而在實踐上卻是被忽視的。文化是你在前往銀行的路上會對之微舉帽子以示敬意。因此，它正是最適合知識份子（一種仍然保有可敬精神氣質的人物，不過當論及新的污水處理廠要蓋在哪裡時，沒有人會把他們當成一回事）的所在。如同文化，知識份子同時處於社會的內部與外部。他們享有權威，但沒有權力。他們是現代的俗世神職人員。

不過，知識份子之所以日漸受到文化的吸引，也有比較正面的原因。如果他們既不想成為戴著羔皮手套的紳士學究，又不想成為雙手長繭的專家，文化似乎是最適合他們的所在。一方面，沒有其餘概念比文化更具有一般性。從藝術的莊嚴高峰到日常生活的平凡低谷，這一切都屬於文化。蕭邦（Chopin）屬於文化，複式記帳法也同樣屬於文化。另一方面，文化卻也日漸成為專家進行的研究；它不再只是一種抽象的概念，而是一整個產業，需要對之進行仔細的分析與探究。如果文化可以針對社會生活整體的品質提出看法，那麼它同樣可以就勞動階級的髮型或表現主義（expressionism）的技法提出詳盡的解釋。如果說文化具有社會概念的開放肌理，則它同樣具有美學概念的緊緻紋理。由於文化有上述的特性，所以它對知識份子具有一股自然的吸引力，尤其是在政治學、經濟學、社會學與哲學逐漸被收買而難以從其內部提出問題的情形下。於是，知識份子成為文化理論家。文化成為最後的看護者，部分原因在於其他看護者都逃走了。

然而，文化理論的概念本身似乎具有某種自相矛盾性質的感覺仍舊無法消逝。對政治或經濟所進行的智識探究是說得通的，因為它們似乎都是客觀的事物。由於它們是客觀的事物，所以能夠對它們進行冷靜、公允的處理。然而，文化卻正是價值、情感與感官經驗的居所，它所關切的，是這個世界感受起來如何，而不是這個世界究竟如何。它並不是那種屬於知性、不帶任何情感的事物。在盎格魯薩克遜文化裡，知識份子向來被認為是無精打采而保守的生命否定者，而且還是極為僵化與冷淡的。只要想想電視節目《無所不知》（*Mastermind*）陰森恐怖的開場音樂與《大學挑戰》（*University Challenge*）裡學生愉快的歡呼，由兩者之間的對照便可明白。[5]關於智識，有種令人脊椎發涼的特質。西方理性主義的歷史切斷了智識與情感之間的聯繫，使得智識極為冷感與無情。知識份子是盎格魯薩克遜夢魘裡無情的羅伯斯比黨徒（Robespierres）。理論家能夠辨識出藝術的情感嗎？更不用說是對之有任何看法？

然而，知識份子的普遍形象卻是十分混亂的。如果說他們因為無情而遭致非難，他們同樣也因為熱情地堅持特定立場而受到詆毀。事實上，從保守主義的觀點看來，知識份子身上結合了兩種世界上最糟糕的特質：一方面，知識份子對傳統主義者最珍視的習慣與信仰給予充滿距離而冷淡的一瞥；另一方面，他們又帶著怨恨、喜好辯論且堅持特定立場。如果說知識份子是眼神嚴峻而面無表情的，他們同時也是頭髮散亂且會搞砸一切的。由於知識份子具有這樣的特色，所以他們是丑角與醫生的古怪結合，可笑卻又令人害怕。

然而，這種矛盾只是表面。由於知識份子不會自滿地認為習慣與信仰是理所當然的，而

5 譯注：兩者均為BBC的猜謎節目。

是視它們為必須加以檢驗的，所以他們會倡議社會的改變。在與諸如必須強烈壓抑工會這種廣為接受的信仰保持距離的同時，知識份子保有一股對勞動階級不再被視為用完即丟物品之社會的熱情。基進的知識份子並非沒有熱情，他們只是沒有保守主義的熱情。如果你試著以冷靜的角度來觀察社會的整體結構，你最後也可能會同樣相信它需要進行全面的翻轉。不帶任何感情與堅持特定立場不必然是相互對立的。認為古典知識份子具有這兩種性質的普遍偏見是正確的，即便這種偏見無法了解知識份子何以會如此。

認定文化知識份子是一種知性而缺乏情感的生物是很怪異的，因為他們在今日所研究的，乃是瘋狂、幻想、性虐待、恐怖電影、情慾、色情與精神分裂的詩篇。有些人會認為這些主題是沒有價值的，但只有少數真正奇怪的人才會認為它們是乏味而知性的。無論如何，研究阿佛列德・但尼生（Alfred Tennyson）作品裡花的意象，大概算不上是戴奧尼辛式的探究。對這樣的文化理論提出批評的論者所未能理解的，正是文化理論所具有的純粹興奮。正是這一點，以及它提出許多傳統評論避之唯恐不及的根本問題的信念，使得好幾代的學者對文化理論產生興趣。理論的評論者有時會抱怨理論的追隨者似乎覺得理論遠比理論所試圖闡釋的藝術作品還要來得令人興奮。然而，有時事情正是如此。佛洛伊德要比西索・戴・路易斯（Cecil Day Lewis）[6]更令人感興趣。傅柯的《事物的秩序》（*The Order of Things*）要比查爾斯・金斯利（Charles Kingsley）[7]的小說更加吸引人且更具原創性。

認為理論只有在能夠闡釋藝術作品時才具有價值的想法，是一個十分有趣的假設。在這種想法的背後，隱藏著一種清教徒的信念，認為只要是沒有用的、沒有立即現金價值的事物，都是一種罪惡的自我放縱。從思考到做愛，每件事情都必須在效用的冷酷法庭上證成自己的存在。即使是我們的思想，也同樣必須具備完全的工具性。在這裡，布萊希特對於思考能夠成為「一種真正的感官樂趣」的欲望，是不會受到任何認可的。除非思考能夠直接與實踐連結，否則它是一無是處的。很難想像這種立場如何可以證成天文學的存在。政治左派同樣也有自己的一套市儈務實論，認定「理論」永遠必須要與「實踐」直接連結在一起。看一眼傑克遜・波拉克（Jackson Pollock）的畫作是可以的，不過這一眼必須要對勞動階級的解放做出明確的貢獻。

理論的確能夠有力地闡釋藝術作品（儘管某些認定這是唯一可以證成理論存在之理由的人在實際上會懷疑它是否真的有辦法闡釋藝術作品）。然而，就其本身而言，它同樣充滿了

---

6 譯注：西元一九〇四—一九七二年，英國詩人。

7 譯注：西元一八一九—一八七五年，英國作家，作品包括《水嬰孩》（*The Water Babies*）。

闡釋力。文化理論的各個流派（女性主義、結構主義、精神分析、馬克思主義、符號學等等）沒有任何一個是僅僅只能談論藝術而已，或是誕生自對藝術的談論。對於某些批評文化理論的人而言，光憑文化理論的這點特性，便可以剝奪文化理論的正當性。他們忘了，所謂的傳統評論多半也同樣具備文化理論的這種特性（我在這裡加上「所謂」的原因在於，狹隘地認為評論是純粹「美學的」這種看法其實一點都不傳統。我們目前對美學所具有的概念本身是一種非常晚近的產物。評論起自古代社會的修辭學，而修辭學具有各種不同的用途，並且具有政治上的效果）。的確，在一個迫切需要改善的社會秩序裡，理論必須要能夠配合實際的政治目的。不過，只有當我們不再被迫得要在效用的法庭裡證成自己的思考時，我們才能明白社會秩序在這方面的確有所改善。於是，我們將可以為思考而思考，不用再感受到必須為這種行為進行辯護的神經質衝動。舉例而言，我們將會明白佛洛伊德本身便是值得閱讀的，而不是只為了要用來闡釋《野獸國》（*Where the Wild Things Are*）而已。

文化理論有種習慣，我們或許可稱之為提出「後設問題」（meta-questions）的習慣。文化理論不問「這首詩是否有價值？」而是問「當我們說一首詩是好或壞時，我們的意思究竟是什麼？」它不問小說是否具有可信的情節，而是自問究竟什麼叫作小說。它不問豎笛協奏曲是否有點令人生厭所以全然不具說服力，而是研究一開始使得協奏曲得以出現的物質條件，以及這些條件究竟是如何有助於形塑作品本身。評論家討論象徵，而理論家則探究一種事物究竟是透過怎樣的神祕過程而可以代表另一種事物。評論家談論科利奧蘭納（Coriolanus）[8]這個角色，而理論家則研究一頁書上的詞語排列如何得以成為一個人。

這些後設問題並沒有要「取代」簡單的評論問題。你可以同時提出這兩種問題。然而，理論是謙遜的，不像傳統的藝術評論急著把太多事情視為理所當然。傳統的藝術評論太過急切、太過自信，不想往回提出更深入的問題；它好像了解所有事物，然而，這些事物其實都是我們不清楚的。所以，在這個意義上，理論並不像傳統評論那麼教條，它是比較懷疑而不帶偏見的。理論不願意將所有偶然出現的預設都視為是理所當然的，它要盡可能地對我們所有自然而然的假設進行檢驗。當然，探究一定要有一個起始點。原則上，問題可以無止境地往回追溯。不過，文化的既有談論方式顯然對自己所知道的事物做出太過急躁的假定。

從這種觀點看來，非理論家出奇地缺少好奇心。舉例而言，他們或許長年研究小說，卻從來沒有停下來自問小說究竟是什麼。這就像長年照料一隻動物，卻連牠是獾、兔子或是畸形的貓鼬都不知道。這並不代表對小說究竟是什麼的問題，只會有一個唯一的答案，或甚至

8 譯注：莎士比亞劇作《科利奧蘭納》（*Coriolanus*，或譯《英雄叛國記》）的主角。

是會有任何令人滿意的答案。這只是要指出值得提出來的問題會是什麼。

要回答小說究竟是什麼的問題，我們或許可以從指出「小說是一種寫作方式，在這種寫作方式裡，你既沒有說謊，也沒有說出事實或者犯錯」開始。你不能在小說裡說謊，因為讀者並不假設你打算說出真實的事情。「很久很久以前，有一個名叫高蒂洛克（Goldilocks）的小女孩」，這句話不是真的，但它也不是句謊話。[9]「不，才沒有呢」這種回答並不相關，即便它可能是真的。說謊的意思，是出自欺騙的意圖而說假話，然而並沒有人想騙我們高蒂洛克真的存在。「給你其他啤酒無法給你的暢快」[10]不是真的，但也不是謊話，因為沒有人會去相信這種明顯的誇飾在字面上的意義。「很久很久以前，有一個名叫高蒂洛克的小女孩」永遠可以改寫成：「我邀請你想像一個虛構的世界，裡頭有個名叫高蒂洛克的小女孩。」就算以前真的有個名叫高蒂洛克的小女孩，她也真的遇見了三隻熊，這仍然不會妨礙故事的虛構性。故事並不是要用來給予我們事實資訊的，而是要用來傳達我們或許可稱之為

---

9 譯注：這裡引用的故事為《高蒂洛克與三隻熊》（*Goldilocks and the Three Bears*），大致內容為高蒂洛克闖進三隻熊的家，嚐了牠們的麥片粥（一碗太燙、一碗太冷、一碗剛好），坐了牠們的椅子（兩張太大、一張剛好，但她把剛好的那張椅子坐壞了），分別試躺了牠們的床（兩張太大、一張剛好，所以她就躺在上面睡著了）。當三隻熊回到家後，很生氣有人動過牠們的東西，這時高蒂洛克也醒了過來，就趕緊跑走，再也沒回到三隻熊的家。

10 譯注：此為海尼根（Heineken）啤酒的廣告語。

道德真理的訊息。「高蒂洛克」故事裡的道德真理是十分陳腐而且具有明顯意識形態——不要侵犯他人的私有財產，就算他們是渾身毛茸茸、脾氣不好，而且是用四隻腳在走路；不過，這樣的事實並無礙於故事所具有的特質。

當然，在另外一種意義上，小說可以是比實際生活還要真實的，實際生活有時只會把事情弄得混亂不堪，甚至是完全錯誤。舉例言之，實際生活竟然愚蠢到令拜倫（Byron）在希臘死於熱病，而不是死於希臘獨立戰役裡的一顆子彈下。歷史也很粗心地讓基本上屬於維多利亞時代的佛羅倫斯・南丁格爾（Florence Nightingale）拖拖拉拉地活到二十世紀，或讓羅伯特・麥斯威爾（Robert Maxwell）[11]悄悄地逃向海洋而得以躲避大眾對他的厭惡。如果是由藝術來處理這些事情，顯然會更具效率。

然而，在另一種意義上，小說是沒有辦法說出事實的。如果一位作者忽然停下來，向我們保證他現在所說的事情是真的——是真的發生過的，我們也會把這句話當作是一句虛構的陳述。小說家和短篇小說作家就像大喊「狼來了」的男孩：他們注定是永遠不能被信賴。就

11 譯注：西元一九二三—一九九一年，出生於捷克斯洛伐克的英國媒體鉅子，在他乘船前往加那利群島的途中神祕地溺斃之後，調查員發現他挪用了數千萬的公款，成為英國最大的詐欺案之一。

算你把這句陳述放在註釋，而且簽上你的姓名縮寫與日期，還是無法使它從虛構（小說）變成真實。只要有個副標題寫著「小說」，任何陳述就都無法說出事實。在小說《浮士德博士》（*Doctor Faustus*）裡，湯瑪斯・曼暫時打住，向一個真實的人物致敬；從曼的話，我們有理由相信這個人物是真實存在的，然而，卻也沒有任何事情可以阻止我們認為這號人物是虛構出來的。即便有一部小說陳述事實，它也不會因此變得更加真實。我們知道這是一部小說的事實，再次使得我們不會去檢驗陳述的真假，而是把陳述當作某個修辭設計整體的一部分。小說的存在，並不是為了要告訴我們懶猴是一種動作緩慢的靈長類夜行性動物，或者是海倫那是美國蒙大拿州的首府。它們是因為道德範式才引用了這些事實。

小說也很難犯錯，因為伴隨著小說而來的隱形使用說明書裡，有一條便是：「把裡頭所說的每句話都當成是故意的。」如果一位作者說拿破崙（Napoleon）是個荳蔻年華的少女，我們不能認為這是她的老師沒教好。如果作者一直拼錯拿破崙的名字，我們會認為這一定具有某種象徵的意義。如果她只拼錯他的名字一兩次，我們會認為這只是個錯字，因而不屬於文本本身。簡而言之，小說對於那些不太清楚現實世界的人而言，是一種理想的形式。沒有人可以拆穿這些人的無知。這是為什麼超脫世俗的知識份子與充滿創意的作家之間會有著密切聯繫的原因之一，而且，這兩種身分有時還會佔據同一個軀體。

反對理論的人也許會認為提出這類問題是邪惡的、僵化的、無情的，而且是極具特定立場的。有些人則會認為這些問題是有趣的。舉例而言，詩與散文的差別究竟在哪裡？唯一令人滿意的答案是：在詩裡，是由作者決定句子該在哪裡停止；而在散文裡，則是由排字機決定。如果想知道這為什麼是描述這兩種文體的差別的唯一適當方式，為什麼其他更明顯的差異並不適合用來描述兩者的區別，你就必須求助於某些理論。

或者，思考關於讀者可以帶給文學作品什麼，以及作品本身限度何在的問題。以易夫林・華歐（Evelyn Waugh）的短篇小說《勒戴先生出遊》（*Mr. Loveday's Little Outing*）極具喜感的開場白為例：「當車子駛入郡立療養院大門時，馬平女士（Lady Moping）說道：『你不會看出你父親有任何重大的改變。』」這其實是一種英國式的反諷，漫不經心地將重大的（瘋狂）與日常的連接起來。這句充滿喜感的陳述顯示出一種當荒誕或災難迎面襲來時的無動於衷。

然而，華歐的句子也是一種典型的英國式含蓄。這提醒我們，即使是在文學最為誇張的時刻，它也可以多麼地含蓄。這句話顯示出文學作品的讀者為了要理解它的意義，會如何無意識地自行補充資訊，或是做出未必有根據的重要假設。我們會假設馬平女士是在對她的小孩說話，這個小孩和她一起坐在車裡，他們要一同去探視住在療養院裡的父親。我們可能還會假設這個住在療養院裡的人是馬平女士的丈夫——馬平先生。

然而，文本並未講出上述一切。當然，當我們順著小說讀下去，我們會發現事情的真相，但我們仍然可以藉由做出假設，欣賞這句開場白簡明的喜劇色彩。如果我們假設句子裡提到的「父親」是馬平女士的丈夫，那麼她所流露的麻木與冷淡所具有的喜感將會更加尖銳。這樣的幽默只有在我們假設「父親」住在療養院時，才會真正地顯現，儘管這樣的假設純屬臆測。馬平女士很有可能只是在探訪療養院時，因為其他緣故而提到「父親」；或者，「父親」的確在療養院裡，只不過他是裡頭的醫療人員。「你不會看出你的父親有任何重大的改變」有趣地暗示著他就像以前還沒被關起來時一樣瘋狂，當然，這也可能是馬平女士用來安撫他小孩的方式，表示他儘管被關進療養院，卻仍然如往常般溫柔、明理。這句話的構句法（「當車子駛入……」）提示司機的存在，表明馬平女士高貴的身分；當然，這也是讀者所做的推論。

我們不應該用太多理論令幽默變得無趣。然而，了解喜劇之所以能夠成為喜劇的原因，是一件十分有趣的事。有人或許會注意到一點，就是這樣的探究牽涉到一種十分細膩的解讀，而這種解讀方式卻正是許多人認為理論家辦不到的。這種理論無法進行細膩解讀的論點，是理論的反對者最常提出的抱怨之一。這種看法已經廣為人們所接受，就像認為禿頭是治不好的，或是相信娜歐米・坎貝爾（Naomi Campbell）不知謙恭為何物一樣。事實上，這種看法是完全錯誤的。的確，有些理論評論者是粗心的讀者，但非理論評論者裡頭也同樣有粗心的讀者。例如，像德希達這樣一位思想家，最適當的指控應當是他是一個「太過」細心的讀者；他實在站得離作品太近了，拿著顯微鏡挑剔地仔細觀察作品，就像過於貼近地觀察一副畫作，結果使得它成為線條與色塊的組合。許多其他解構作者也同樣有這類問題。因此，就大多數主要的理論家而言，這種離作品太遠的指控根本不成立。他們大多都和非理論評論者一樣細膩，甚至有過之而無不及。[12]

倡議要細膩解讀作品的人們有時會假設在讀者與作品之間有一種理想的距離存在。然而，這是一種誤解。閱讀、觀賞與聆聽涉及持續的焦點轉換；有時我們猛然追逐一個特定的細節，有時我們卻又要拉回才能縱觀全景。有些閱讀或觀賞是迎頭撞向作品，有些則是羞怯地側身前去。有的是要隨著時間的進程逐步開展，有的則是要像快照般把空間固定住。有些

12 例如：阿多諾論布萊希特、班雅明論波特萊爾、保羅・德・曼論普魯斯特、詹明信論康拉德（Conrad）、克莉絲蒂娃論馬拉美（Mallarme）、傑佛瑞・哈特曼（Geoffrey Hartman）論渥茲華斯、巴特論巴爾札克（Balzac）、法蘭柯・莫瑞提（Franco Moretti）論哥德（Goethe）、哈洛德・布諾姆（Harold Bloom）論史蒂文斯（Stevens）、J. 希利斯・米勒（J. Hillis Miller）論亨利・詹姆士。這個名單還可以繼續再列下去。

是橫著切過作品，有些則是在地平面凝視。有的評論者一開始就把鼻子湊進作品裡，沉浸在原始的第一印象中，接著才緩緩向後退，包圍在作品的環境裡。這些取徑沒有一種是正確的，因為根本沒有「正確」或「不正確」可言。

一種理論評論者的常見假設，是理論「卡在」評論者與作品「之間」。理論龐大的身軀冒失地插入評論者與作品之間，在頁面的字句或畫布的形影上留下不雅的陰影。理論是一種橫在作品之前的教條厚網，僅僅允許我們從網眼窺視作品的局部。至於其他部分，則會被扭曲或被掩蓋。尤有甚者，這種厚網千篇一律地擋在每一部作品前面，摧毀了它們的獨特性、泯除了它們的差異性。的確，有某些評論是以這樣的方式在進行的，然而，以這種方式進行的評論卻不盡然全都是屬於理論。數十年前從事評論的純文學紳士同樣也會有這類的教條過濾器；藝術裡頭關於性別或階級衝突的部分往往會受到壓抑，而對偉大作家的負面評論則會被認為是粗魯而失禮的。藝術的社會脈絡就算可以進入評論，也只能是透過間接、切割的方式。千篇一律、令人作嘔的詞彙——「格外精緻」、「極為強韌」、「十分寫實」、「莊嚴優雅」——無情地加諸在每一部作品上。貴族階級的偏見笨拙地插入讀者與作品之間。

事實上，認為有一種評論語言「卡在」讀者與作品之間的想法，是一個會造成誤導的空間隱喻。有些評論的確是沒有什麼作用，但這並不是了解空間隱喻為何不恰當的最佳方式。

其實，如果沒有某種程度的預設，我們會連要辨識出什麼是藝術作品都會出現問題。如果我們手邊沒有某種評論語言，我們會連該探討些什麼都不清楚，如同我們如果沒有可以指出自己內心的詞彙，我們會連自省都辦不到。如果不從任何特定的角度來切入作品，我們將會什麼都看不到；結果便是全然不知所措，就像來自半人馬星座α星的訪客在觀看《辛普森家庭》（*The Simpsons*）時一樣。

評論概念最大的用處在於給予我們接近藝術作品的管道，而不在於將我們阻絕於藝術作品之外。它們是我們討論藝術作品的方法；其中有些方法可能會比其他的來得有效，不過這種差別並不等於理論與非理論的差異。評論概念（即使是沒有用的或令人困惑的）並不是一堵隔開我們與藝術作品的屏幕。它是一種我們能夠藉以討論作品的方法，只不過有些概念有用，有些則否。在最好的情況下，評論概念可以標舉出作品的某些特色，進而使得我們能夠把作品置放在一個有意義的脈絡裡。不同的概念將會揭露不同的特點。因此，就這一點而言，理論家是多元論的：並沒有任何一組特定概念可以向我們揭露作品全部的意義。概念之間的主要差異在於我們對它們的熟悉度；有些概念是我們相當熟悉的，就像「麵包」一樣清楚明白，而有些概念是我們十分陌生的，就像「滇刺棗」一樣怪異。陌生的概念一般會被稱為「理論」，雖然在事實上，滇刺棗並不見得會比麵包來得奇怪。

文化理論的成就究竟是什麼？我們可以從它對我們喚起的醒悟開始：它使我們不再認為詮釋藝術作品只能有一種正確的方法。有個笑話是關於一個天主教徒對一個新教徒同事所做的讓步，承認有許多方法都可以崇拜上帝；這個天主教徒說道：「你是用你的方法來崇拜上帝，我則是用上帝的方法來崇拜上帝。」其實這也是許多保守評論者對理論家的態度。他們認為自己詮釋作品的方法，是作品自身如果能夠表達意見的話，也會如此主張的方法，而理論家則是冥頑不靈地要把一些新奇的意念導入作品裡。將T. S.艾略特的《荒原》（*The Waste Land*）視為對沒有上帝的人類在靈性上的空白所做出的沉思，是依據文本本身所做的解讀；若是把它當作是帝國主義交戰的時代下，一種布爾喬亞文明耗竭的徵候，則是你把自己的怪異理論強加在文本身上的結果。談論勞倫斯作品裡頭的靈性探索是忠於文本的作法，但如果你要談論他作品裡頭的性別歧視，則是為了你自己的政治目的去扭曲文本。

把《咆哮山莊》當作是一部關於死亡的小說，是忠實地對你眼前的文本做出回應，而把它當作是一本關於死亡本能的小說，則是讓佛洛伊德卡在你和希斯克利夫（Heathcliff）[13]中間。奧斯汀的作品是關於愛情、婚姻與道德價值的；然而，只有那些鐵石心腸的人，才會認

13 譯注：小說《咆哮山莊》的主角。

為愛情、婚姻與道德價值在她的作品裡是和財產與社會階級分不開的。能夠欣賞菲立普・拉金（Philip Larkin）對英格蘭田園生活的消逝所流露出來的遺憾，是直接對他的詩作所做的詮釋，而把他的作品當作是疲憊的後帝國英國的一部分，則是在詮釋他的作品時戴上了意識形態的眼罩。

表示《李爾王》有超過一種以上的意涵，並不等於宣稱它可以具有各種意涵。理論家並沒有主張任何事情都可以具有各種意涵：他們只是指出事情可以代表與既定意涵不同的東西。只有威權主義者才會認為若不是只有一種規則，否則便是什麼規則都沒有。如同無政府主義者，威權主義者認為周遭的一切充滿混亂；只不過無政府主義者認為混亂是具有創造力的，而威權主義者認為混亂是危險的。所以威權主義者其實只是虛無主義者的鏡像。事實上，真正的意義並不是銘刻在石頭上的，也不是自由隨性的，它既不是專制的，也不是自由放任的。你必須要能夠指出藝術作品的特色，藉以為你所提出的詮釋提供支撐。只不過作品的特色繁多，所以可以透過各種不同的方式進行詮釋；而且，什麼算是作品的特色，是一個可以開放討論的問題。沒有任何評論假設是可以屹立不搖的，它們全部都是能夠加以修正的。

文化理論還有什麼其他成就？它成功地說服我們，在藝術作品的產生過程中，除了作者之外，還有許多其他事物牽涉其中。藝術作品具有一種「無意識」，是無法被它的生產者控制的。我們已經逐漸了解，藝術作品的一個生產者是閱聽人——藝術作品的接受者，他是共同創造藝術作品的人，如果沒有這樣的接受者，藝術作品便無法存在。我們也對文化製品裡頭的權力與欲望運作更加敏感，了解它們對政治權威進行挑戰或認可的諸多方式。我們了解到這關乎文化製品的形式，也同樣關乎文化製品的內容。我們也更加敏銳地體會到文化製品與它們的特定時空環境之間的密切關係，以及這種關係可以豐富它們所具有的意涵，而不是使之貧乏。這一點同樣適用於我們對文化製品所做出的回應，因為我們的回應永遠是具有歷史特定性的。我們也更加密切地注意到藝術作品的物質脈絡，以及文化與禮儀在多大的程度上是根植於悲慘與剝削之上。我們也逐漸了解到，廣義的文化可以是個舞台，而無所依憑的人們可以在這個舞台上發掘共享的意義，確認一種共有的認同。

在上述這些成就裡，文化與權力之間的連結是最具爭議性的一個。對自由主義者或保守主義者而言，文化的意義在於它是權力的對反。的確，文化是少數我們仍然能夠躲避權力令人厭惡之影響力的幸福所在。隨著社會生活日漸臣服於效用法則的治理，文化是手邊得以提醒我們有些東西是具有價值、卻沒有價格的事物。正當粗鄙的工具理性日益牢固地掌控人類事務，文化卻仍然歡迎純粹為自身而存在的事物，它不抱持任何目的性看法，只是為了讚頌事物自身豐饒的自我愉悅。文化見證了嬉戲的深奧，將之與勞動沉重的桎梏相互對比。儘管人類生活日趨量化與管理化，藝術仍舊主張個體的獨特性。在這個連自我肉體的、感官的存在都無情地商品化的世界裡，藝術要求我們回想它們的存在。

在上述這些面向上，文化成為一種烏托邦的寶貴記憶。由於藝術越來越不見容於一個市場決定價值的文明，它反而能夠將自身的非必要性轉化為一種德行。它可以在一個充滿鋼鐵律則與冷酷勢力的世界裡，為偶然性、迷途的殊異、美好的無意義、奇蹟的例外進行發言。的確，藝術可以藉由自身在社會裡越來越不重要，卻仍然頑強地存在的奇蹟，來闡明這種偶然性。由於文化具有越來越少的可辨識功能，所以它能夠質疑事物必須要具有功能才得以維持下去的假設。文化僅僅需要頑固地忠於自我，便可以作為一種政治批判。

在此同時，文化可以利用它漂浮於社會之中的事實來超越社會狹隘的界線，提出對於人性整體至關重大的議題。它可以是普遍的，而不是狹隘地歷史的。它能夠提出終極的問題，而不是只具有實用性的偏狹問題。那些一看到普遍就加以駁斥的人忘了一件事，就是我們若不能談論普遍，就只能談論偏狹。對於所有被正統社會視為無生產力的垃圾而加以驅逐的流放價值，文化為它們提供了住所：包括那些偏差的、幻想的、情慾的、超驗的價值。藉此，文化成為給予其生命之文明一種活生生的反駁；並不是因為文化說出了什麼或顯示出什麼，僅僅是由於它奇怪、無意義、令人沮喪的在場。

因此，我們可以了解那些認為文化理論是試圖摧毀這個人性最後堡壘人士的憤怒。因為如果連這個人類價值的脆弱要塞都可以為權力與政治所入侵，那麼我們還可以撤退到哪裡？事情絕非總是如此。早在文化躍居主要舞台之前，精神還有一個明顯的住所，就是宗教。宗教包辦了所有文化在日後所能辦到的事情，只不過它更有效率。它可以動員數不清的、數以百萬計的人們參與終極價值的事業，而不是只有少數受過良好教育並懂得閱讀賀瑞斯（Horace）和欣賞馬勒（Mahler）的人。為了完成它的任務，宗教還擁有地獄烈火的威脅；這種懲罰顯然比較具有說服力，因為一個人如果不閱讀賀瑞斯的作品，只會招致沒品味的低聲抱怨而已。在人類歷史的大半時間裡，宗教一直是大眾生活中最寶貴的成分之一，即便幾乎所有大眾文化理論家都尷尬地忽視它的存在。

透過祭儀與道德準則，宗教得以將絕對價值與人們的日常經驗連結起來。沒有什麼概念會比上帝、天堂、罪惡、救贖來得更加抽象了。藝術是透過符號、聲響、顏料與石材來表達根本性的問題，宗教則是透過一整套的聖像、虔誠的感受性、個人行為準則、信仰實踐來將根本性的問題深植於日常經驗中。宗教將宇宙律則灌輸到個體的內在深處，即一種稱為良心的官能。信仰是一種最牢固的聯繫，將人們與知識份子、單純的信眾與神職人員緊密地結合在一起。宗教所創造的共同目的感，是任何小眾文化所不及的。宗教描繪出最巨型的論述，稱為末世學。它可以交織藝術、祭儀、政治學、倫理學、神話學、形上學與日常生活，並給予這個龐大的體系一種至高權威的認可。由於宗教具備以上這些特色，因此它涉及一組對許多理性的人而言太過愚昧且難以相信的信念，實在是一件非常可惜的事。

於是，文化打從一開始被推入主要舞台起就一直處於危機之中，便是一件不足為奇的事了。因為在後宗教的時代裡，文化必須背負過去所有由宗教履行的功能；而且一點都不令人訝異的，文化在大部分時間裡都未能扮演好這樣的角色。宗教部分的力量在於它能夠連結事實與價值、日常生活的例行行為與終極精神的重要事物。然而，文化卻明顯地把這兩種領域區隔開來。在文化廣泛的、大眾的、日常的意義上，它是一組處理事情的方式；而在文化的藝術意義上，它是一群具有根本價值之作品的集合。然而，兩者之間卻是致命地缺乏聯繫。與之相較，宗教可以說是同時具有文化的兩種意義。

「後宗教時代」是一種有點倉促的說法。在里茲（Leeds）或法蘭克福（Frankfurt），現在可能已是後宗教時代，但在達卡（Dacca）或達拉斯（Dallas），可能就未必如此。對知識份子而言，現在可能已是無宗教信仰的時代，但對佃農或辦公室清潔人員而言，可能就未必如此。在世界上大多數地區，包括美國的許多地方，文化自始就未曾取代過宗教。即使是在某些文化已經取代宗教的地方，宗教也悄悄地準備捲土重來。就全球而論，宗教至今仍是最具資源的一種象徵形式。隨著人們日趨覺得脆弱與遭到忽視，各種醜惡的宗教基要主義就有日趨升高的可能。或許文化試圖取代宗教的時代即將宣告結束；至少在這一點上，文化或許已經承認它的失敗。

保守主義者錯誤地以為基進主義者試圖剝奪文化所具有的政治無辜。如同其他形式的無辜，文化的政治無辜打從一開始便不存在。事實上，強調文化的肯定性與烏托邦性面向的人，是基進主義者，而不是保守主義者。只不過這兩種面向同時都指出文化與醜惡權力形式之間的共犯關係。的確，文化的肯定性面向與烏托邦性面向並非毫無關連。藉由鼓勵我們提出超越當下的夢想，文化可以為既有的社會秩序提供一種方便的安全門。對一個更加正義的未來所進行的想像，可以沒收一些想要達成這種夢想所需要的精力。無論如何，對先進資本主義的秩序而言，幻想絕對不會是一種陌生的運作形式。

不過，這並沒有削弱文化的烏托邦角色，反而更將之強化。這只不過是表示文化的烏托邦色彩同時具有正面與負面的意義。如果說文化抗拒著權力，那麼其實它本身更是一種強迫的權力形式。也就是說，與那些認為藝術文化具有明確價值的人相較，基進主義者對事物的看法是較為多元且不設限的；基進主義者的態度是比較複雜與曖昧的。他們喜歡觀察事物的各種面向。他們並不會以教條式的概論法來假定藝術無論在何時何地都是永遠具有正面意義的。例如，他們可能會留意藝術根源通常會具有的濫用與剝削，不過，對他們而言，這種情形並不會使藝術失去意義，只會讓他們的取徑更具有暫定性與多面性。他們會避免像自由主義的人本主義者般對事物採取一面倒的態度。

許多對文化理論所提出的標準反對都是無法成立的。有些文化理論的確是充滿術語，然而文化理論背後的驅力卻是民主的，而且，與非理論陣營相較，文化理論可能有更多具有文采的作家。無論如何，某些專業語言的出現是可喜的，而不是可憎的。文化理論無法進行細膩解讀的論點也是錯誤的。文化理論既不是冷靜的，也不是無情的。它並不打算廢棄人類的精神，而是要使之更加務實。文化理論不必然會插入藝術作品與閱聽人之間。就算它有時可能會成為理解的障礙，但其他形式的藝術評論也同樣會出現這類問題。文化理論並沒有對奧斯汀與亞契孰優孰劣做出評斷；它只是想知道當我們宣稱亞契與奧斯汀同樣屬於優秀作家時的根據是什麼。

大多數對理論提出的反對都是錯誤與微不足道的。事實上，我們可以對理論提出更具毀滅性的批評。文化理論允諾我們它要處理許多根本的問題，然而它卻未能辦到。在關於道德與形上學的問題上，它是羞怯的；在關於愛、生物學、宗教與革命的問題上，它感到困窘；

對於邪惡，它大體上是沉默的；在死亡與痛苦上，它的雙唇緊閉；在關於本質、普遍與基礎的問題上，它是教條的；至於攸關真理、客觀性與公正的問題上，它則是膚淺的。這些問題都是人類存在的重要問題，但文化理論卻都未能加以回答。正如我們之前所顯示的，現在是歷史上一個十分難堪的時刻，因為我們對這些根本問題幾乎沒有辦法做出任何回應。在接下來的章節裡，我們將從不同的角度來討論這些問題，藉以彌補理論的缺陷。

第五章
真理、德行與客觀性

Truth, Virtue and Objectivity

在當代的文化理論中，沒有比絕對真理更不受歡迎的概念。「絕對真理」這個詞彙帶有教條主義、威權主義的色彩，信奉著永遠與普遍。所以，讓我們試著來為這個非常謙卑而極為合理的概念提出辯護。

我們不應把絕對真理當成是一種特殊的真理。依據這種視絕對真理為特殊真理的看法，有某些真理是會變動的，而且是具有相對性的，另外還有一種更高等的真理，它既不會變動，也不具有相對性，而是永遠不移的。有些人（通常是具有教條主義或威權主義心態的人）相信這種更高等的真理，而另外一些人（例如歷史論者與後現代主義者）則否。事實上，有某些後現代主義者宣稱他們不相信任何真理，不過這是因為他們把真理等同於教條主義，所以在拒絕教條主義的同時，他們連真理都一併拒絕了。這是一種非常無意義的舉動。在某些頭腦比較簡單的後現代圈子裡，因信念而抱持某種立場會被認為是具有威權主義色彩，所以是令人厭惡的，而保持模糊、懷疑與曖昧則被認為是民主的。若果真如此，那麼一個熱情擁護民主的人，與一個對民主抱持模糊與曖昧態度的人，該說他們哪一個才是民主的呢？

對這種流派的後現代主義而言，宣稱某種立場比另一種立場要來得好，是帶有「階層色彩的」，所以必須加以反對。至於這種理論為什麼會認為不具有階層色彩要比具有階層色彩來得好，那就不得而知了。後現代主義對於不明白自己所思考之事物的喜愛，或許正顯示在北美的說話習慣裡，也就是在說了三、四個字之後，就要插入一個「好像」（like）。因為表示某種事物確實就「是」那種事物，是一種教條主義的作法，所以，你不應該那麼做，而是要在你的言詞裡加入一種儀式性的猶豫，使之成為永恆的語意模糊。

認為真理是具有教條主義色彩，從而不想與之有任何瓜葛的人，就像那些相信道德只是用來禁止人們發生性關係，因而宣稱自己為不道德者的人一樣。這些人其實是倒反的清教徒。如同清教徒，他們將道德等同於壓抑；過著道德的生活，就等於是過著難過的日子。只不過清教徒認為難過的日子是件美好的事物，而且還有助於建立自己的品德，而這些人則不這麼認為，所以他們就連道德都一併排斥了。同樣地，不相信真理的人往往也是倒反的教條主義者，而他們所拒絕的真理概念是任何明理的人打從一開始就不會為之辯護的。

事實上，並不存在一種世俗的、隨著歷史變動的真理，也不存在另一種更優越的、你可以相信或不相信的絕對真理（例如有些人相信天使，有些人則否）。有些陳述是只有從某種特定觀點來看才屬真實：一個著名的例子就是「法國是六角形的」，這句話只有對某些從特定幾何脈絡來看世界的人才屬真實。然而，還有許多其他真理是絕對的，而且不帶有任何高傲或優越的意義。[1]如果「這條魚不太新鮮」是真的，那麼它就像「我實實在在地告訴你們，還沒有亞伯拉罕，就有了我」一樣屬於絕對真理。這類真理是絕對的，卻不具有任何重要性。這只表示出若某個陳述為真，則其相反的陳述不能同時為真，或是從某種角度而言不能亦屬真實。一條魚不能同時新鮮，又不新鮮；不可能對你是新鮮的，對我則是發臭的，就算我喜歡發臭的魚也一樣。不過這樣的陳述並沒有排除懷疑或模糊的可能性。也許我並不肯定這條魚究竟新不新鮮。然而，就算我不肯定，「我不肯定」也是絕對真實的。我不可能同時既肯定又不肯定。不可能出現從我的觀點而言，我很肯定，但從你的觀點而言則否的情形。或許這條魚在兩個小時前是好的，但現在牠已經臭了。在這種情形下，兩個小時前的絕對真實在現在已經不是真實了。然而，現在的不真實卻仍然是絕對的。

因此，在這裡，「絕對真實」的意義就是「真實」而已。要不是為了駁斥相對主義者（如其名所暗示的）真理乃屬相對的主張，我們大可不用在「真實」前面加上「絕對」。並沒有許多相對主義者會貿然主張在同一個人、同一個時間點的情形下，「我現在在大馬士

1 關於真理絕對性的精彩辯護，見 Paul O'Grady, *Relativism*, Chesham, Bucks, 2002, ch. 2。亦見 Bernard Williams, *Truth and Truthfulness*, Princeton and Oxford, 2002, p. 258f。

革」與「我現在在頓卡司特」可以同時為真。他們通常會指出相同的命題可能對你為真、對我則否，或在星期一屬實、在星期五則否，抑或是對佛萊明人（Flemish）是真的、對亞贊迪人（Azande）則否。然而，對許多真理而言，這並不是一種太具說服力的講法。對你而言屬實的事，對我而言也是真實的。如果你覺得快要崩潰了，而我則欣喜若狂是屬實，那麼，對我而言，你覺得快要崩潰了是事實。如果你星期一心情很糟，但星期五心情很好，那麼你在星期一心情很糟的事實在星期五仍然屬實。

我們在這裡談的，並沒有什麼是具有撼動世界的重要性，也沒有什麼是具有濃厚威權主義色彩。「真理是絕對的」僅僅意謂著某件事情被確立「為」真實的（這種確立過程往往是繁複、麻煩的，而且永遠是可以進行修正的），所以，某件事情不可能既真實卻又不真實。這並不代表只有從某種公正的觀點才能夠發現真理。事實上，這完全沒有對我們「如何」得以獲致真理的過程表示任何意見，這只是在說明真理本身的某種性質。所有真理都是從某種特定的觀點加以確立的；然而，如果要說從我的觀點看來，浴室裡有隻老虎，而從你的觀點看來則否，這樣的講法是沒有意義的。我們倆可以對浴室裡頭到底有沒有老虎進行激烈的辯論；不過，這裡所說的絕對真實只是表示我們倆之中一定有一個人是錯誤的。

如果種族歧視確實是一種罪惡，那麼，對於剛好成為種族歧視受害者的人而言，「種族歧視是一種罪惡」將不僅只是屬實而已。他們並不僅僅只是在表達他們的感受；他們是在對事實的狀態進行陳述。「種族歧視是一種罪惡」與「我總是覺得新鮮白報紙的氣味宜人」並不屬於同一類命題。它比較接近「浴室裡有隻老虎」的陳述。我們可以想像某人在安慰種族歧視受害者時低聲表示他能了解他們之所以如此感受的原因，也了解他們有充分的理由如此感受，的確，如果他是他們其中一員，他也無疑地會這麼認為；不過，由於他不是他們其中一員，所以他並不認為他們所遭遇的狀況是種族歧視。這樣的人便是相對主義者。比較不客氣地講，他也可以被稱為是一個種族歧視者。或許他還會在安慰種族歧視受害者時加上一句，「現在看來這種狀況的確是屬於種族歧視，可是過了幾年後再回過頭來看，你就會明白這並不是種族歧視」。這不僅安慰不了人，而且還自相矛盾。

如果某種狀況確實屬於種族歧視，那麼它就是絕對真實的。這不僅僅是我的個人意見或你的個人意見而已。當然，某種狀況也有可能並非屬於種族歧視。或者，它也有可能是部分屬實；在這種情形裡，它「是」絕對地部分屬實，而不是全然屬實，或是全然不屬實。絕對真理的捍衛者並不必然就是教條主義者。無論如何，教條主義的意思，並不是一隻手搥桌子，然後一隻手抓住對方的喉嚨。教條主義是拒絕為自己的信念提出任何理由，而僅僅訴諸權威。因此，其實存在很多有禮貌而溫和的教條主義者。主張某件事情是絕對真實的，並不等於在所有可將之反駁的證據與論證之前繼續斷言它的真實，而且無論如何都拒絕讓步承認自己是錯誤的。相信絕對真理的人，可能是那種謹慎到病態的人，他們只有在事情似乎是明白地無可否認的情形下，才會接受它是真理。他們可能終其一生都在懷疑的朦朧氛圍中度過；只不過大概每隔十年左右，他們才會不情願地接受某個命題（例如「園丁射中了自己的腳」）屬實，他們認為相反的命題不可能同時為真，而且覺得對他們而言屬實的命題，對每個人而言亦同屬真實。

「絕對真實」也不意謂著該命題的真實性是可以獨立於任何脈絡之外。我們只能經由某種架構來對世界做出判斷。不過，這不必然表示從某種觀點而言屬實的事情，從另一種觀點來看則為虛假。或許大象對你而言是神聖的，對我而言則否，這可能代表著我們賦予牠不同的意義。然而，並不可能發生以下的情形，即大象的確是神聖的，這句話的正確性就像牠有四隻腳，而且又同時確屬非神聖的。文化以各種不同的方式來理解世界，所以某些人認定為事實的事情，其他人未必如此認為；然而，如果真理的意思僅僅是「對我們屬實」的，那麼在我們與其他文化之間便不會有衝突，因為真理同樣是「對他們屬實」的。在論及大象的神聖地位時，這是一種極為寬容的講法；而且如果我們主張強迫剛學會走路的小孩發生性行為將會有助於他們日後的情感健康與心理穩定，而鄰近的文化卻不如此主張時，這也是一種極為方便的講法。由於他們的觀點是完全相對於他們自己的生活方式，所以他們的觀點自然不會對我們產生任何影響。事實上，如果每個文化架構在解釋世界上的差異性是如此之大，那麼，它們根本無法共同主張一個相同的命題。不同的世界將會產生不同的意義。

絕對真理與狂熱的盲信並沒有關係，它並不必然是那種你會狂熱相信的真理。「埃蘭根（Erlangen）位於德國」是絕對真實的，但它並不是那種會令人犧牲生命的真理。它並不屬於那種會讓你血液沸騰、心跳加快的真理。它並不具有如同「卑鄙的傢伙，你掐死了我的姑婆！」一般的情感力量。大多數的絕對真理都是一些雞毛蒜皮的小事。在「絕對」這個字眼使用於某些道德言說時，情形也是一樣。對阿奎納而言，「絕對錯誤」並不必然意謂著「非常、非常錯誤」。這裡的「絕對」並不是用來強化語氣，它只是表示「在任何情形下都不應如此」。很奇怪地，阿奎納認為說謊是絕對錯誤的，但殺人卻不是；當然，他並沒有認為說謊永遠是比殺人更加不可饒恕的罪狀。阿奎納的智慧足以使他了解說謊有時是無傷大雅的，只不過他覺得這是一種絕對錯誤的行為而已。

絕對真理也不是無關乎時間與變遷的真理。在某個時間點上屬實的事情，在另一個時間點上便可能不再屬實，或者，新的真理也有可能出現。宣稱某些真理是絕對的，是在表示某種事情屬實是什麼意思，並不是在否認不同的時間點會有不同的真理。絕對真理並不是非歷史的真理：它既不是那種天上掉下來的真理，也不是某些美國猶他州的假先知賜予我們的真理。事實上，它們是藉由論辯、證據、實驗與探究所發現的真理。許多在任何特定的時間點上被認為屬於（絕對）真實的事情，都有可能為非。大多數看來極為嚴密的科學假說都已被證實是漏洞百出。並不是所有被認定屬實的事情就一定是真實的。只不過仍然不可能會發生「只有從我的觀點看來，天空正下著雨」的事情。

我所說的這些為什麼重要？這些事情是重要的，首先在於我們作為一種具有適度理性的生物，必須具備了解真理為何的尊嚴，其中包括了對真理的真實了解。如果我們可以避免受到欺騙，最好就不要上當。這些事情之所以重要的第二個原因，在於這種脈絡下的「絕對」已經被塑造成一種荒謬的鬼怪；此外，還因為如果相對主義者是正確的，真理的價值將會消失殆盡。如同伯納．威廉士（Bernard Williams）指出的，相對主義其實是一種用搪塞來解決衝突的方法。[2]如果你主張「民主的意思是每個人都有權利投票」，而我主張「民主的意思是只有那些能夠通過複雜智力測驗的人才得以投票」，那麼，一定會有一個自由主義者正好出現，宣稱我們兩人從各自的觀點看來都是正確的。如果真理失去力量，那麼政治基進主義

2 見 Bernard Williams, *Ethics and the Limits of Philosophy*, Cambridge, Mass., 1985, p. 156。

者就可以不用再指出諸如女性受到壓迫、地球正逐漸受到企業貪婪所毒化等等明顯的真實。或許，他們仍會想要指出這些現象背後的邏輯是一種統治階級的陰謀，但他們無法在邏輯上希冀任何人會相信他們。啟蒙的擁護者是正確的：真理確實存在。然而，反啟蒙的批評者也是正確的：真理的確存在，但它卻是可怕的。

如果說絕對真理最近並不受到歡迎，那麼客觀性也是一樣。也許我們可以先藉由對客觀性與人類福祉之間的關係的討論，來開始重建這個概念。每個人都追求幸福，只不過問題在於曉得幸福究竟在哪裡。或許對於不同的人，或是不同的時代與文化，幸福會有不同的意義。正是由於我們並不清楚什麼是幸福，所以我們才需要諸如道德與政治哲學的細密論述來幫助我們解開這個問題。如果我們可以完全地了解自己，我們就不需要用這麼深奧的方式來進行討論了；只需藉由自省或本能，我們就可以明白什麼是幸福的生活。

蟾蜍的處境是相當令人羨慕的，因為牠們只要依照本能，就能知道哪些事情對牠們是最好的。牠們只需遵循蟾蜍的天性，而且僅僅需要辦到這一點，牠們就能興旺繁衍。牠們的生活為的便是成為好的蟾蜍，過著得以履行「蟾蜍般存在」的生活，而不是成為壞蟾蜍。所以好的蟾蜍是非常像蟾蜍的。當然，這並不是一種你可以對牠表示恭賀之意的事，因為牠是不得不如同蟾蜍一般。這並不是一種成就；蟾蜍也不會因為身為蟾蜍而獲頒獎章。你可以說這是一隻好蟾蜍，但不能說這是一隻具有德行的蟾蜍。無論如何，依據某種觀點（這種觀點在今日不太受歡迎，尤其是在文化理論界），人類必須要十分努力才能成為人類，所以，能夠成為人類，是一件值得慶賀的事情。這是由於我們有能力去違反自己的天性，所以我們能夠忠於天性乃是一種具有德行的行為。

所以，我們或許如同蟾蜍一般，具有某種天性，同時也存在著某種人類獨有的特定生活方式，而且我們若能忠於這種生活方式，我們將可以良好地發展。只不過問題在於我們並不清楚這種天性是什麼；或者，它會隨著時間不斷地改變。由於我們是語言的動物，所以我們的天性（如果真的有這麼一回事）應當會遠比蟾蜍的天性更易於變動與複雜。由於有語言與勞動，以及隨之而來的文化可能性，我們能夠以非語言動物辦不到的方式來改變自己。為了要了解我們是什麼，明白自己的天性，我們必須努力進行思索；而我們在歷經數世紀之久的思索後，卻只是得出令人迷惑的各種不同回答。或者，你可以說，人類動物之所以不同於蛞蝓或雛菊，僅僅在於過著良善的生活與充分發展自身。道德哲學史只是堆滿一些無用、廢棄的良善生活模型。

以「快樂」的概念為例。認為快樂是人類所追求之事物（「快樂」即是他們所追求的良善生活模式）的想法，是十分具有說服力的。這可以解釋我們在生活周遭所看見的大多數事情，從人們在清晨三、四點迅速從床上爬起來，到晚上孜孜不倦地試圖弄乾自己的牙刷。然而，什麼「是」快樂？如果說它意謂著滿足，那麼人們同樣可以因為懶散地一天坐在電視機前十四個小時、呆滯地咀嚼一大把有致命危險的垃圾食物而感到快樂。很難相信一種良善的人類生活會僅止於此。這種快樂的方式，聽來似乎比較像是兔子會感到快樂的方式。

那麼，這是否意謂著呆滯的咀嚼者並不是真的快樂？或許如此，如果快樂所涉及的遠遠超過懶散的滿足。人們會無所不用其極地欺騙自己，包括自己是否快樂。過著全然悲慘的生活而不自知是可能的。如果羅馬戰船上有個被鎖鍊綁在船槳旁的奴隸，抬起他被狂風摧殘的頭顱，嘶啞地喊著說他想不出世界上還有什麼比這種為皇帝服務的方式更加光榮，接著便因精疲力竭而不省人事，我們會猜想這背後可能有某種意識形態的祕密在運作著。或者，他可能是個受虐狂，喜出望外地發現自己竟然可以在一個虐待狂的船長底下划船。或者，他之前的經歷更糟，所以與之相較，這裡已是天堂。又或者，他只是沒辦法想出更充實的生活形式。一旦他嘗過些許的自由、狂喜的愛情與超凡的成功後，我們就得再問他一次他是否覺得快樂。

即便如此，當諸如咀嚼者的人說他們覺得很快樂時，他們很有可能是對的（至少是在一種「快樂」的意義上）。他們喜歡自己所做的事情，完全不想離開扶椅（如果這在實際上是辨得到的話），而且世界上也沒有任何會讓他們憂慮的事情。或許，他們在某種更深刻的意義上並不快樂。乍看之下，他們似乎並不了解人類潛能豐富的深度。然而，這種深度卻是同時充滿苦難與狂喜的。或許有許多不同方法可以讓人快樂，而咀嚼者的方法正是其中之一。

此外，至少是在對自己的生命感到滿意的意義上，殘忍與暴力的人也會是快樂的。歹徒可以從他們所做的事情得到工作的滿足感，更不用說他們還能享用搶來的東西。如果你覺得自己是上帝意志的工具，那麼，在謀殺幫人墮胎的醫生時，你會得到相當的快感。軍事將領在辛苦了一天，屠殺完當地的人民且回到總部後，也會因為自己使世界的自由更加安全而感到一種寂靜的滿足。同樣地，也許這些人在某種更深刻的意義上並不快樂。但是，這並不表示他們完全不快樂；他們或許確實憎恨自己成為一個謀殺幫人墮胎的醫生與當地原住民的人，但他們卻有辦法說服自己不這麼認為。或許我們不應該每次都訴諸意識形態的自我欺騙來使人們脫離他們的困境；邪惡的人大可滿足於自身的邪惡，而且還能夠從中獲利。讀到某些指出他們不會有好下場而大快人心的故事是令人高興的，但小說並不是真實生活。亨利·菲爾汀（Henry Fielding）筆下的惡棍會遭受重大的挫敗，但這同時卻也傳遞出一種反諷的訊息——這種事情只會在小說裡頭發生。在真實世界裡，他們最後可能會成為首相。

如果邪惡的人可以是快樂的，那麼善良的人通常都不怎麼快樂。在一個掠奪的世界裡具備德行（如同菲爾汀筆下容易受騙的清白者），可能意謂著你將會遭到殘暴的對待。在這樣的社會裡，清白者自己必須小心謹慎；然而，若果真如此，他們又怎麼會是清白的？在刑求之下，你可以具有德行，拒絕出賣你的同志，但你不可能會是快樂的。殉道者是犧牲自己的快樂而使得別人能夠快樂的人。你或許會因此感到實踐了自我，不過這大概不能算得上是一種至高的幸福。殉道是若非情況如此要求，否則你絕對不會做出的選擇。一個在死時快樂無比的殉道者是個可疑的殉道者。殉道者之所以放棄生命，是因為生命是他們所能給予的最寶貴事物，而不是因為他們急著想死。

儘管如此，直覺還是會告訴我們，人不應該只是謀殺者或洋芋片咀嚼者。以喬治・貝斯特（George Best）廣為人知的故事為例，在因酗酒而落魄之前，他或許是歷史上最優秀的足球員。貝斯特有次待在五星級飯店充滿魚子醬與香檳的交誼廳中，旁邊還有一位前世界小姐在獻殷勤；當一位飯店員工拿更多的奢侈品進來時，他望著這位懶散的前足球明星，哀傷地搖頭，喃喃自語道：「喬治，到底是哪裡出了錯？」

當然，這裡有趣的地方在於怎麼可能會有人說這種奢華的生活方式出了錯。這是貝斯特說出這段故事的原因。然而，飯店員工是對的：貝斯特的生活「已經」出了錯。他並沒有按照他的天性在過活。當然，他過得十分愉快，而且在某種意義上相當快樂；但是，他並沒有

「充分地發展自身」。在他天生最適合的事情上，他失敗了。他的生活很有可能會比他還是足球員時來得愉快，因為那時他得接受訓練，所以不能偶爾上一下夜總會。重點不在於當他還是足球員時他更加快樂（在「過得愉快」的意義上），即使他當時過得比聯盟裡的其他球員還要來得愉快。重點也不在於他之後的生活方式確實為他帶來深刻的痛苦，從而證實了福音教派（Evangelical）墮落者必得報應的觀點；而是僅僅表示他已經不再充分地發展。在富裕、滿足與愉快的意義上，他的生活或許是快樂的，但他卻沒有任何的進展。在「近來如何？」（How's it going，或「有何進展？」）這種隨意的招呼語裡，具有某種重大的道德意義。貝斯特已經停止成為一個人。的確，我們會懷疑貝斯特之所以會興高采烈地說出這段故事，部分的原因是為了要否定這樣的事實。

然而，人類的生活究竟應該「要」進展到哪裡？畢竟人類的生活並不像是巴士或是單車比賽；而「人生是一連串的障礙，你必須一步步加以跨越，從而達至目標」的想法，只是童軍隊隊長、陸軍少將與企業總裁懲罰式的清教徒幻想而已。貝斯特的人生之所以失敗，並不在於他不再獲致任何成就，而是在於他停止自我實現。不是在於他不再有成堆的進球得分、獎盃與薪水支票，而是在於他沒有盡力活著。他並沒有成為他所能成為的最好的人。事實上，他還積極地摧毀這種可能性。這種通常被鄙夷的評論者稱為貝斯特在足球生涯之後的

「放蕩生活」，或許是一種獲致成就的替代方式；貝斯特現在熱切地爭奪一個接一個的小明星、一瓶接一瓶的醇酒，如同他過去贏得一場又一場比賽的可笑諧仿。

在一種意義下，拋棄自己的足球事業（儘管是在繼續經營足球事業日漸困難的情形下），可以被視為是一種拒絕成就倫理學的勇敢舉動。無論這種舉動的目光有多短淺，它都認知到生命並不只是在於目標（在「目標」一詞的各種意義上）而已。貝斯特現在可以自由愉快地過活，不用活得像自我實業家一樣。然而，在另一種意義上，這種狂亂的奢華生活卻正是自我實業家生活的影子。欲望的空虛取代了成就的空虛。對這兩種生活方式而言，當下是毫無價值的；它只是通往未來的橋樑，而未來則將會如同當下般毫無價值。貝斯特得以真正過得愉快的方式，只有繼續他的足球生涯；這可能不會永遠都是令人高興的，而且他有時也會感到無法滿足，然而，這將是他最能發展自身的道路。因此，踢足球是在道德上應該做到的事情。

或許，使得貝斯特落魄的原因，是因為他已經無法再僅僅為了足球而踢足球。在一個關於股東，而不是球員、球技或觀眾的運動產業裡，沒有任何足球員可以只為了足球而踢足球。這會像一個有重大商業壓力的設計師幻想自己能活得像米開朗基羅（Michelangelo）一樣。要過一種真正能夠自我實現的生活，我們必須要可以單純為了某件事情而去做這件事。

貝斯特無法再單純地因為足球所帶來的喜悅而踢足球，因此他從喜悅轉向逸樂。他的享樂主義其實只是令他感到痛苦之工具主義的另一面。

關於人類天性的重點在於它並沒有目標。在這個面向上，人類的天性與其他動物的天性並沒有什麼不同。作為一隻獾並沒有什麼目的，身為一隻長頸鹿也不會讓你有任何進展，只是讓你僅僅因為是隻長頸鹿的緣故，做著如同長頸鹿般的事情。只不過因為人類在其天性上是一種歷史的動物，所以我們會看似有所進展，所以易於誤以目的論的方式來理解人類的行動，進而忘記這一切只是單純因為人類之故。天性是一種底線的概念：你無法探問為何長頸鹿會做牠所做的事情。一句「這是牠的天性」便是足夠的回答。你不可能得到比這還要更進一步的答案。同樣地，你無法探問何以人類會想要覺得快樂與自我實現。這就像詢問某人他想在戀愛裡獲得什麼。快樂並不是一種達到目的的方法。

如果有人問你為什麼不想死，你可能會回答因為你有一部三部曲的小說要完成，或者你要看著孫兒長大，又或者，壽衣沒辦法搭配你指甲油的顏色。不過，這些都已足夠表達出你想活下去的答案；並沒有必要指出特定的目標。活著本身便是一個足夠的答案。當然，有些人會寧可死了算了，但那些不如此認為的人們，也並不需要一個繼續活下去的理由。解釋為何你想活下去，就像解釋為何你不想讓兀鷹的鼻子湊進你的屍體裡一樣是多餘的。唯一的問題在於，某種本身重要或應該重要的事情，例如活著，似乎並不需要結束。由於它並不是達到某種目的的工具，所以我們說其功能已經實現或其目的已經達到是沒有意義的事情。這是為何死亡總是看似專斷的原因之一。唯有全然實現的生活可以不受死亡的損害。而只要我們活著，總會出現更多的自我實現可能。

踐履自我天性的想法是不利於資本主義的成就倫理學的。資本主義社會裡頭的每件事物，都必須要有其意義與目的。如果你表現良好，你就會得到報酬。相較之下，對亞里斯多德而言，表現良好本身就是報酬。你不會期待要從表現良好上得到任何報酬，就像你吃一頓美味的大餐，或是在一大清早游泳一樣，你不會想要藉此得到報酬。這並不是說德行的報酬是快樂，而是說具有德行便是快樂。重點在於享受隨著踐履自我天性而來的深層快樂。這並不表示具有德行在世上將會永遠過得一帆風順；就菲爾汀的觀察，這種看法只有一個問題，就是它不是真的。

事實上，如果你是勇敢、慈愛、活潑、具有同情心、充滿想像力、懂得應變等等，反而更有可能在世上一帆風順。別人將因此比較不容易對你設下陷阱，而且即使他們這麼做，你也會有足夠的機智可以避開。然而，具有德行的人卻很有可能會失敗。而且，他們很有可能是因為具有德行才失敗。於是，他們並不能說是很快樂。不過，儘管德行有可能會帶來不快樂，但依據亞里斯多德的看法，德行本身卻是自我實現的源頭。舉個例子，想想身體健康可能會讓你陷入的麻煩。它可能會讓你擁有非常強壯的體格，使得酒吧裡的小混混忍不住嫉妒地想要打你一拳。不過，健康本身仍然是件愉快的事。亞里斯多德同時還相信，如果你的表現不佳，你的懲罰既不是地獄烈火，也不是天打雷劈，而是得要過著殘缺的生活。

當然，你不能既相信上述的一切，卻又是反本質論（anti-essentialist）的。反本質論者打從一開始就不相信「天性」。在他們的想像裡，某種東西具有天性，乃是意謂著它一定是永遠固定而無法更動的。依據他們的看法，對天性的討論同時也是在製造某種事物共有的特性，而這種作法在差異至上的時代裡是不受歡迎的。本質論批判者的懷疑也是有幾分道理，因為當我們論及人類而非長頸鹿時，「這是我的天性」的回答往往只是一種狡猾的自我合理化作法。為了追求獲利而摧毀部落社群只是出自人類天性；對妻子施暴也只是忠於自我。因此，如同資本主義的辯護者，反本質論者提防天性的概念。資本主義希望人們具有無限的變通與適應能力。作為一種體系，資本主義對固定的疆界、任何阻礙無盡資本累積的事物有浮士德式的恐懼。如果說在一種意義上，資本主義是徹徹底底的物質體系，那麼，在另一種意義上，它則是強烈的反物質體系。物質性（materiality）阻礙了資本主義。由於僵化、固執的事物會抗拒資本主義的偉大計畫，因此，所有固著的事物都必須消散在風中。

在馬克白（Macbeth）與馬克白夫人準備要殺害國王之前，對人類天性看法的衝突出現在他們之間，其中一種是對人類天性的傳統信念，另一種則是拒絕這種信念的「進步式」（progressive）觀點：

> 馬克白：合於男子漢的行為，我都敢做；沒人敢比我做得更多。
>
> 馬克白夫人：……你敢做這事的時候，你就是個男子漢；你若能使你自己不僅僅是一個男子漢，你就格外地是個男子漢了。
>
> （第一幕第七景）[3]

對馬克白而言，人類天性的限制是創造力的限制；而對馬克白夫人而言，身為人，便是要不斷地超越人類天性的限制。對馬克白而言，要勉強超越這些創造力的限制，將會使人敗壞，在試圖成就一切的舉動中反而成為空無。這就是古希臘人所稱的「傲慢」（hubris）。然而，對馬克白夫人而言，天性是不受限制的：人性可以在一種無止境的過程中透過意志自由

3　譯注：本書引用莎士比亞劇作的地方均引自梁實秋譯本。

地創造與再創造。你辦到得越多，就越接近於人類。在這一點上，亞里斯多德會同意馬克白的看法。亞里斯多德認為為獲利而進行經濟生產的概念是不自然的（非天性的），因為這涉及一種與我們不相容的無盡性。因此，對亞里斯多德與社會主義而言，經濟必須被鑲嵌於道德之中。然而，一旦資本主義這種非自然的經濟體系蓬勃發展之後，與人類天性相異的，卻變成了社會主義。

歷史上沒有比資本主義更喜愛越界與轉變、更迷戀混種與多元的生活方式。在資本主義無情的工具邏輯下，它對天性的概念毫無興趣；它厭惡僅僅為了自我實現與開展的存在，純粹只因自身之故而完全沒有想到目標的念頭。這是何以這種社會秩序會粗俗地厭惡藝術的原因之一，因為藝術可以被視為是這種完全無目的的踐履的完美意象。這同樣也是美學在當代之所以會具有如此驚人之道德與政治重要角色的原因之一。

我們並沒有必要如許多反本質論者般，將天性想像成是永遠固著不變的。關於一種不斷重新創造自身的天性，我們所能找到的最驚人例證，便是人類的天性。至少在這一點上，擁護越界的人們是正確的，亦即我們的天性在於超越我們自己。由於我們是一種勞動、語言、具有性慾的社會動物，所以出自我們的天性，我們創造了文化，而文化永遠是可以變動、分歧而且無限制的。因此，我們往往易於誤解這種特殊的天性，以為我們不具有任何特定的天性，結果就會像擁護越界的人一樣，對自我發展出一種浮士德的影像。我們可以如所謂的「唯物」文化理論般幻想文化全然接收了我們的物質天性，泯除了任何天性的痕跡，從而在其墳上跳舞。

另一個易於使我們以為人類毫無天性的原因，乃是天性的概念往往會和作用（function）的概念連結在一起。如果一只手錶能夠發揮它的作用，準確地報時，那麼，這是一只好的手錶，做到了手錶應該做到的事。冒著聽來有點可笑的風險，我們可以說它踐履了它的天性。但是，人類的作用是什麼？人類的「目的」是什麼？答案是很肯定的「無」；然而，「無」正是重點。我們的作用在於毫無作用。實現我們的天性本身就是目的。在此，我們需要「天性」這個詞彙來避免說出「實現『自我』本身就是目的」，因為有許多我們辦得到的事情是我們不應該做的。所以「天性」這個字在這裡的意思是「我們最有可能充分發展自身的方式」。由於這些方式到底涉及什麼我們並不清楚，所以，這是另一個我們會誤以為人類毫無天性的原因。

這便是反本質論者犯下的錯誤。或許，他們會讓步，承認人類的確在一種肉體的、唯物的意義上具有天性；作為一種物種，我們具有某種特質（儘管沒有必要因此而認為人類與其他動物之間有明顯的斷裂，自然厭惡明顯的斷裂，如同它憎恨真空一樣）。只不過他們認為，依循這樣的理路，並不會得出什麼特定的道德或政治結果。對他們而言，這種關於天性的講法流於空泛，所以沒辦法給予我們任何知識。這種講法是真實的，但也是無意義的。反本質論者對於只能以概論方式來討論人類天性的作法的反感是正確的。然而，他們的危險在於陷入另外一種形式的唯心論。如果你貶抑人性唯物「類存有」（species being）的重要性，你最後可能會認為人類只存在於意義與價值的層次。而這正是知識份子往往會犯下的錯誤。

政治哲學家約翰．歐尼爾（John O'Neill）指出，大多數的後現代主義思想家所批評的「本質論」，其實只是一種關於本質的虛構論述，在實際上，根本沒有人會支持那樣的虛構論述。[4]他指出，本質論是關於如果某種東西是某物，則它必須具備某些特質的看法。如果有某個東西是銅，則它必須具備延展性、韌性、可熔性、導電性、原子數二十九個等等特質。這並不表示所有這些特性都是該項事物的本質，也不表示被歸屬為相同類別的事物，其彼此之間不能有極大的差異與分歧。每一頭綿羊都是不同的。本質論並非意謂著同一性（uniformity）。同樣地，被歸屬為同一類的事物，亦不必然有共同的重要（本質）特性。我

4 見John O'Neill, *The Market: Ethics, Knowledge and Politics*, London, 1998, ch. 1。亦見Terry Eagleton, *The Illusions of Postmodernism*, Oxford, 1996, pp. 97-104。

們必須要仔細觀察。本質論並不涉及對自然現象與文化現象之間差異的忽視。文化現象同樣會具有某些特性，如果沒有這些特性，它們將會變成另外一種東西。如果一首歌沒有聲音，那麼它便不是一首歌。因此，反本質論大致上只是哲學業餘與無知的產物。

對於人類天性的談論確實是令人難堪地空泛（儘管認為人類具有天性的亞里斯多德覺得倫理學並不是關於普遍原則）。「人」可以是個表達認可的辭彙（「儘管他是細胞外質層的世界權威，他看來卻與常人無二致」），或是個帶有貶抑的判斷（例如「太過人性」）。就算我們更進一步地指出，良善的生活是一種你可以盡可能自由與完全地踐履天性的生活，這種講法在實際上究竟意謂著什麼，卻仍十分不清楚。在不同時間點上的人類會具有不同的力量與能力，而它們之中有哪些是人類應該努力實現，而且又應該是用哪種方法來實現，卻都是不確定的。我們應該僅僅因為自己在體力上有辦法勒死他人，就踐履這樣的能力嗎？如果我們有能力刑求他人，那麼在某種意義上，刑求便是我們的天性。「人類天性」可以用來描述我們是怎樣的生物，不過，它也可以用來表示我們的行為「應當」如何；然而，我們如何從「人類天性」的描述性意義跨越到它的規範性意義卻不是一件容易的事。

亞里斯多德認為，有某種特定的生活方式，可以使我們成為我們所能成為的最佳生物，亦即過著有德行的生活。猶太—基督教傳統認為這樣的生活是一種博愛或愛的生活。大致說來，這表示我們是彼此自我實現的機會；只有在我促成你的自我實現時，我才能完成我的自我實現，反之亦然。不過，在亞里斯多德的思想裡，這種相互性很少被提及。這種倫理學的政治形式即為社會主義；如同馬克思所言，每個個體的自由發展乃是全體成員自由發展的條件。因此，這是一種政治化的愛，或可稱為全面的相互性。

當我們（不同於亞里斯多德）將自我實現的概念普遍化，並將之與猶太—基督教或民主—啟蒙的信念（即每個人都必定被含括在自我實現的行動中）相融合時，社會主義便是我們所得到的答案。若果真如此，且若人類是自然地生活在政治社群裡，那麼，我們就有兩種組織政治生活與制度的方法：一種是使得所有人都可以在不妨礙他人的情形下實現每個人獨特的能力，此即自由主義的理論；另一種作法，則是盡可能地以相互的方式促成每個人的自我實現，亦即社會主義的理論。一種認為社會主義優於自由主義的理由，是「人類為政治動物」所具有的意義，不僅在於人類必須考慮彼此對自我實現的需求，同時也在於他們只有透過彼此才能達到更深刻的自我實現。

然而，對於愛或自我實現是什麼、哪些是重要的德行，或甚至是對於這種良善生活的模式，每個人都會有不同的意見。亞里斯多德所認同的德行並不必然是身處現代的我們會熱切認可的。亞里斯多德所認同的德行與他自己的社會歷史有太過密切的聯繫，而他對人類天性的看法在大體上卻又太不具歷史性。如同馬克思的導師黑格爾，馬克思（可以說他是一個未出櫃的亞里斯多德主義者）從這樣的倫理學中提出了有力的歷史批判。看來我們似乎只需爭辯究竟什麼才是自我實現；然而，這個問題太過複雜，使得我們無法得出一個滿意的答案。節裂、專化與分歧的現代人類存在為這個問題提出了太多的回答，從而無法在它們之間做出決定。

不過，還有另外一個原因使得道德問題在現代尤其變得如此難以處理。不僅僅是因為一個複雜的社會裡有過多的回答，而非有太少的回答，同時還因為現代歷史使得我們尤其無法以非工具性的方式來進行思考。現代資本主義社會的思考完全是以工具與目的的方式在進行，思索著何種方法可以最有效地達成目標，從而使得它對道德問題的思考也同樣受到這種模式的影響。於是，「什麼是良善生活」變成一種透過行動以達成某種目標的事情。唯一的問題是倫理學家仍舊在爭論這個「目標」應該是什麼。對效用主義者而言，我們行動的目的在於為最多數的人帶來最大的快樂。對享樂主義者而言，我們行動的目的在於愉悅的極大化，而且最好是自身愉悅的極大化。有些人主張，人類行動的目的在於使政治國家得到榮耀。還有一些人則相信我們行動的目的在於達成社會正義或其他值得稱許的目標。在這樣一種唯一重要的事情似乎只有結果的道德趨勢下，若我們曉得屋頂等下就會落在某個受傷的人身上，從而結束他的生命，或許我們便該在試著幫忙這個受傷的人之前先好好地考慮一下。不過，很多人就算知道結果如何，仍然會向這位受傷的人伸出援手，至於人們為何這麼做，應該是個值得探究的問題。

並非所有現代道德思考都是以工具性的方式在進行。事實上，現代道德思想裡最具影響力的一個派別（源自哲學家伊曼紐爾・康德〔Immanuel Kant〕）便完全反其道而行。對康德派的道德哲學而言，真正重要的，並不是目標，而是我們依循意志而以某種方式行動的純粹性，無視於行動所帶來的後果，亦無視於它是否會為我們帶來快樂。道德是一個責任的問題，而不是愉悅、實現、效用或社會正義的問題。我們或許可以認為這種嚴苛、非世俗的道德理論尤其是一種對目標導向之思考的過度反應；就好像諸如快樂、愉悅等等的目標在現代社會已經變得如此虛幻而瑣碎，所以，真正的道德價值必須與它們毫無瓜葛。在主張道德行動本身便應該是目的這一點上，康德是正確的。道德行動並不僅僅是要達成某種目的而已。然而，康德卻只能藉由將「道德行動本身即為目的」與快樂和實現脫勾的方式來進行論述。事實上，將這兩種面向加以結合，正是比較古典的道德思想所試圖辦到的。

對於像亞里斯多德的古典倫理學家而言，快樂或幸福並不僅僅在於像牛一般的滿足，或是處於一種極度亢奮的持續愉悅狀態裡，而是在於一種可以被形容為充分發展自身的生活裡。對我們而言，「充分發展自身」或許會具有生殖力、努力、令人臉紅的意涵，但它也可以不具備這些意義。[5] 舉例言之，它可以含括具有惻隱之心或體諒的傾聽。我們需要使「充分發展自身」的概念脫離體能的脈絡。只有當我們踐履我們的天性，將這本身視為一種愉快的目的時，我們才能算得上是過著良善的生活。由於我們的天性是與其他和我們同類的生物所共有的，所以道德在本質上便是一種政治的事務。如同菲立普·夫特（Philippa Foot）所言，「要判斷一個個體是否如其所應為一般，必須要先了解這種物種的生活形式」。[6]

因此，良善的生活完全是關於一種愉快的幸福，不過，這並不是它直接的目標。舉例而言，要像米克·傑格（Mick Jagger）[7] 一般成功地使愉快成為生活的目的，可能意謂著你得要花費許多時間來計畫生活，而這反而可能會讓你的生活變得不那麼愉快。這當然不會是傑格生活最大的悲劇性缺憾，不過這說明了一點，就是如果你真的希望能夠達成自我實現，最好不要只想著自己而已。這並不是在頌揚利他者的悲慘生活，這些人為了要讓別人過舒適的生活而忘卻了自己的需求。這只是表示幸福不是一種你可以直接對準的目標，因為它不是多

---

5 譯注：「充分發展自身」的原文為「prosper」、「thrive」與「flourish」等字。

6 Philippa Foot, *Nature Goodness*, Oxford, 2001, p. 91.

7 譯注：搖滾樂手，滾石合唱團（Rolling Stone）成員。

種善的其中一種。事實上，它是許多種不同的善所造成的結果。因此，在這個意義上，在論及什麼才能算得上是良善生活時，亞里斯多德是個多元論者。

愉快來自幸福的深刻感受；對亞里斯多德而言，這種深刻感受又來自過著一種具有德行的生活。在這裡，「德行」意謂著某種作為人類的技藝或技巧。要成為人類，是某種你必須精熟的技藝，就像打撞球或躲房東一樣。具有德行的人，是那些能夠勝任成為人類的人，如同能夠勝任其工作的屠夫或爵士鋼琴師。有些人甚至是德行的大師。在這個意義上的德行，是一種世俗的事務；然而在「成功即是其回報」的意義上，德行則是一種精神上的事務。許多公司的董事並不會因為他們的工作本身即是一種愉悅而放棄自己的薪水。良善的生活是一種費力的技術性事業；它並不是只需依循自己內心的指示便會出現的。如同一齣好的戲劇，它需要不斷的排練。對自我天性的踐履並不是自然而然就會出現的。雖然清教徒可能會同意上述的講法，但他大概不會輕易地同意良善的生活是關於快樂的自我實現。就清教徒看來，道德一定得是不快樂的。

上述這些並不表示我們應該拋棄對道德的工具性觀點。如果我們是歷史性的動物，那麼我們必定也會是工具性的動物，關切達到目的的適切手段。如果說良善的生活是一種踐履我們天性的生活，而且這對每個人都屬實的話，那麼，物質條件便需要進行深層的改變，從而使得每個人都能過這種踐履天性的生活。這便需要一種稱之為「基進政治」的工具性行動。為了要達致一種我們可以不用再過得如此具有「作用」的境況，我們必須進行許多具有「作用」的行動。在現代，這種計畫被稱為社會主義。

在目的與手段之間存在著一種潛在的悲劇性衝突。如果我們必須採取工具性的行動，才能創造出比較不執迷於目的與手段的生活形式，那麼我們就必須允許自己過著一種比較不可欲的生活。在最糟的情形下，這意謂著某些人可能會悲劇性地感受到自己必須為了他人而犧牲自己的幸福。之所以稱為悲劇性，是因為這樣的犧牲並不是最可欲的生活形式。道德是關於自我實現，而不是關於自我放棄。只不過對某些人而言，自我放棄可能會是創造出可欲生活形式的歷史必要。因此，出現了一種只有透過自我放棄才能達成自我實現的悲劇性情形。如果歷史並非如此悲慘，這樣的犧牲便不是必要的。如果這是一個正義的世界，我們就不需要為了重建而進行破壞。

上述這些與客觀性究竟有什麼關係？原因在於「充分發展自身」並不是一種全然主觀的事情。這並不是說它是與我們完全無關的，所以它是客觀的，如同巨人堤（Giant's Causeway）[8]一樣，不管我們是否看到它，它都照樣存在。倫理學完全是關於人類的；只不過它

8 譯注：英國北愛爾蘭由玄武岩構成的自然景觀。

是關於人類像什麼，而不是人類喜歡什麼。某些類別的快樂是主觀的，也就是說，如果人們覺得自己心滿意足，那麼，他們便是快樂的。有時，你就是得接受他們對自己的看法。或許，就「快樂」的某種深層意涵而言，你會在不快樂的情形下誤以為自己是快樂的；然而，你很難在感到滿意與自在時出錯，就像你不會在明明感受到痛苦的情形下，卻絲毫不明白痛苦的存在。

無論如何，真正重要的快樂，是一種比較不容易斷定的快樂。你無法僅僅藉由自省來判斷你的生活是否得到充分發展，因為充分發展是關乎你的行止，而不是僅僅關乎你的感覺。快樂是關於生活與行動的良善，而不是僅僅關於覺得愉快而已。對亞里斯多德而言，快樂是一種實踐或活動，而不是一種心境。它是關於實現自我能力，而不是對於生活有某種特定觀感。

所以，我們不能只是單純地檢視自己的感受，反而應該在更加寬廣的脈絡下觀察自己的生活。亞里斯多德稱這種更加寬廣的脈絡為「政治」。我們也必須在時間的脈絡下觀察自己；了解自己的生活作為一種敘事（narrative）具有怎樣的意義，從而判斷它究竟是好還是壞。這並不表示從你長出第一顆牙到牙齒全部掉光為止的每件事都得形成一個前後邏輯連貫的整體。無論敘事的細緻程度如何，大部分的敘事都很難具有那樣的一致性。敘事可以是多重的、斷裂的、反覆的與分散的。最後，你也必須要對什麼才能算得上是人類的充分發展具有一定程度的理解。這並不單單只是一種個人的事務而已。什麼算得上是人類的充分發展並不是可以由你決定的，就像你不能決定對麋鹿而言，什麼樣的心理狀態才能算是穩定的。你不能說：「就『我』看來，刑求提洛爾人（Tyroleans）是一種充分發展天性的行為。」這不僅是因為這句陳述為非，同時也是因為這種事情不是由你決定的。道德價值並不像決定論者（decisionist）或存在主義者（existentialist）所主張的，是你恰巧如此認為的事情。有些道德思想家相信，道德價值是我們全體都認為如此的，所以道德價值不是主觀的，而是互為主體的。不過，這裡所指出的看待道德價值的方式並不做如是想。就算我們全體都認為刑求提洛爾人是一種很好的想法，這種行為仍然不能算是人類充分發展天性的例子。某些人大概會認為這是一種令人無法忍受的客觀主義立場，儘管提洛爾人應該不會是這些人的其中一員。

另一個你不能藉由自我反省來判斷自己是否獲得充分發展的原因，在於充分發展是一個複雜的概念，它涉及許多因素。在某些層面上，你可能獲得了充分的發展，但在其他層面則否。你得自問自己是否健康、快樂、與自己和他人相處自在、享受生命、在工作上具有創意、在情感上能夠關懷與細膩、充滿活力、能夠踐履友誼、負責、自立等等。在這些事情中，有許多不是可以完全受你控制的。你無法單憑意志便能使自己快樂或是自在，這必須要有社會與物質條件的配合。

一個人是否能夠過著道德的生活，也就是說，一個人是否能夠過著一種屬於人類的自我實現生活，最終是繫於政治的。這是亞里斯多德之所以沒有在倫理學與政治學之間做出明確區分的原因之一。在《尼各馬科倫理學》（*Nicomachean Ethics*）一開始，他便告訴我們有一門「學科是在研究人類的至善」，接著便出乎意料地指出這種學科即是政治學。對亞里斯多德而言，倫理學可以算是政治學的一支。沒有人可以在挨餓、悲慘或受到壓迫的情形下，還能夠充分發展自身，不過，這樣的事實並沒有防礙亞里斯多德自己對於奴隸制與女性從屬地位的支持。如果要成為善人，便需要有良善的社會。當然，在殘忍的社會境況中可以有聖人的存在，但我們之所以欣賞這樣的聖人，部分的原因便在於他們的稀少性。要把倫理學奠基在這樣的條件上，就好像是僅僅因為某些奇怪的人每天可以很快樂地靠三根生紅蘿蔔存活下來，所以就限制每個人每天只能吃三根生紅蘿蔔。

就亞里斯多德看來，倫理學是一種關於人類欲望的學科，因為欲望是所有人類行為背後的動機。倫理教育的任務，是要重新教育我們的欲望，以使我們能夠從善行中獲得快樂，從惡行中得到痛苦。這不僅僅是關於咬緊牙關屈服於某些專橫的道德法則而已：我們必須學著去享受自己身為一個正義、仁慈、獨立等等的人類。如果我們從中感受不到任何東西，那麼這就不會是真正的道德。而由於我們的欲望都是社會性的，所以欲望必須被放置在一個更廣泛的脈絡，這個脈絡即是政治。因此，基進政治乃是關於我們欲望的再教育。當然，亞里斯多德並不是一個基進份子，但他卻指出了一點，亦即積極參與政治生活本身就是一件具有德行的事。共和主義（republicanism）是一種政治的倫理形式。積極的政治參與可以幫助我們創造出德行所需的社會條件，而政治參與本身即是一種德行，所以，它是手段，也是目的。

於是，你有誤認自己已充分發展自身的可能，而且，在這件事情上，有人會比你擁有更敏銳的觀察。這是道德之所以具有客觀性的一個重要意義。不管「覺得快樂」的意義究竟為何，「快樂」可以是一種你如人類應為般充分發展的跡象，然而，這卻不是你如人類應為般充分發展的鐵證。你的快樂可能來自你所綁架之兒童的父母付出了贖金；或者，你的快樂可能來自令人沮喪的存在裡偶爾出現的好事。無論如何，重點在於當殖民者向我們保證原住民已充分地獲得發展時，我們最好還是謹慎一點。

不過，問題出現在原住民本身告訴我們他們已充分發展自身的時候。這時，我們該向他們說些什麼？不願認為殖民者所言屬實的自由主義者或後現代主義者，在認為這些受到奴役的人所言為非時可能也會考慮再三。我們施捨給這些遭殖民統治的人們的恩惠還不夠嗎？我們難道還得告訴他們，因為他們太過愚笨，所以他們連自己的悲慘都看不出來嗎？事實上，被視為二等公民的人不太可能會遲鈍到相信自己已充分地發展了自身。如果他們連這樣的智力都缺乏，那麼他們打從一開始就不會被認為是有用的，更遑論可以加以剝削。或許，他們偶爾會覺得很滿足，或相信自己不值得更好的東西，或者是忍受自己的處境，但這全都是另外一回事。無論如何，如果我不能不以令人討厭的施恩方式告訴你某件事情，那麼你也同樣不能不以令人討厭的施恩方式告訴我某件事情。就算我過去十年被埋在一堆發爛的石綿底下，只能用三根手指挖出零星的枯草來填飽我的胃，我也不要讓你這種故示恩惠的菁英主義者告訴我可以有更好的生活。我的決定可能極其悲慘，但至少它們是我所做出的決定。

因此，有某種公共標準可以決定我們（或某人）究竟是否充分地發展了自身。我並沒有辦法藉由觀察自己的靈魂來了解自己的行止是否良善。如同路德維希・維根斯坦（Ludwig Wittgenstein）所言，靈魂的最佳影像乃是人的身體。「我是什麼」的最佳影像就是「我的行止如何」。這兩者是緊密相繫的，就如同一個字詞與其意義。公共標準提供我們一種主張，藉以反駁那些認為快樂或幸福並非是一種實際狀況，而是一種個人心態的人。快樂確實不僅僅是一種心態，就如同下棋不僅僅是一種心態一般。人們或許會對自己的境況感到滿意；然而，舉例言之，若他們沒有辦法在決定自己的生命上扮演積極的角色，那麼就亞里斯多德看來，他們並沒有真正地達成自我實現。對亞里斯多德而言，德行是一種卓越（excellence）；

儘管奴隸偶爾會覺得自己的狀況良好，但他們並不是如何作為卓越人類的實例。如果他們是作為卓越人類的實例，我們就不用讓他們自由了。客觀性尤其是一種政治的事務：它是關於駁斥那些主張只要我們覺得不錯，一切就都沒有問題的人們的。它是一種度假心態的批判。或者，用布萊希特比較不禮貌的說法，它是一種對「希望內心深處能夠感到溫暖的人渣」的批判。當你缺乏讓自己覺得不錯的物質條件時，想讓自己覺得不錯，是對你自己的不義。

無論如何，在客觀性與倫理學之間，其實還存在著一種更深刻的關係。客觀性的意義，可以是一種對他人需求的無私開放性，這種開放性相當接近於愛。與之相反的，並不是個人的利益與信念，而是自我中心（egoism）。試著能夠真正了解他人的處境，是關懷他人不可或缺的條件。這並不是說「他人的處境」只能有一種正確的了解方式。說「我現在在寫書」是我現在所做之事的準確描述，並不表示這是可以描述我現在所做之事的唯一一種方式。無論如何，重點是對他人的真誠關懷並不會妨礙我們確實地了解他人的處境，相反地，它是使關懷成為可能的基礎。與「愛是盲目的」的諺語相反，由於愛涉及了一種徹底的接納，所以它使得我們能夠真正地看到他人。

關懷他人，是以一種不在場的方式出現在他人面前，這是一種忘我的關注。人們之所以得到忘卻自我的信心，是因為他們被愛與被信任，不然的話，忘卻自我會是一種冒險的行為。我們之所以必須處及自我的部分原因在於恐懼，因受到信任所流溢而出的信念使得我們能夠克服恐懼。為了以絕對的方式達至這種客觀性，我們必須徹底地讓自己抽身，而這絕對不會是最容易的涉入方法。然而，達至這種客觀性的不可能性卻不應該阻止我們這麼做。

試著做到客觀，是一種辛苦而費力的事情，到最後，只有具有德行的人才能辦得到。只有具有耐心、誠實、勇氣與堅持的人才能穿越阻擋我們了解真實處境為何的層層自欺。對於那些握有權力的人而言，要達至客觀是尤其困難的，因為權力通常會帶來幻想，將自我化約成一種牢騷的自戀心態。儘管權力具有強硬的務實態度，它卻滿是妄想，認為整個世界都屈服於自身。它消融事實，使之成為自身欲望的鏡子。通常只有具有堅實物質存在的人才會認為世界並非堅實。權力天生就是自我中心的，完全沒有辦法擺脫自我。如同性慾，權力是我們最幼稚之處。只有沒有權力的人，才最有可能會明白世界的存在並非在於迎合我們的需求，而是連瞧都不瞧我們一眼，依其自身的方式運作著。

因此，不同於現代通常的假設，知識與道德終究是無法相互分離的。這點在我們對彼此的知識（即了解）上尤其明顯，這種知識涉及想像、敏感、情感智力等等的道德能力。了解他人並不像了解里約最熱門的酒吧；它是一種與道德價值息息相關的知識。現代造成知識與道德、事實與價值的分裂；然而，由於世界的複雜性、其某些表象的欺瞞性，以及我們習慣性的自欺，事實的確立往往是一種極度吃力的過程，而且必然會涉及某種類別的價值。知識必須是自制、明智、慎重、自我批判、具有區辨能力的，因此，只有具有一定德行的人，才能寫出棉鈴象鼻蟲的偉大歷史，或是提出令人震驚的科學發現。或許，這正是維根斯坦在自問自己若無法先成為一個像樣的人類，又如何能夠成為一個好的理則學者時心裡所想的。任何拒絕與他人進行對話、傾聽、誠懇地辯論，並承認自己錯誤的人，是沒有辦法真正地探究世界的。

真正了解他人處境的對反是多愁善感。多愁善感無害地將世界染上自身的色彩，自私則是惡意地以自身來渲染整個世界。自我中心只把世界當成是自我的想像重合，現代理論用「去中心化」（decentring）來稱呼與之對立的觀點，而在傳統的術語上，這種與之對立的觀點便是「無私」（disinterestedness）。「無私」在今日幾乎是一個普遍受到文化左派嘲笑的概念，因為文化左派認為它是一種虛假的公正性；不過，這個誕生於十八世紀的概念，其對反並不是利益（interest），而是私心（self-interest）。它是一個對抗霍布斯式與持具性個人主義（possessive individualism）的武器。無私並非意謂著從崇高的奧林匹亞山頂來俯瞰世界，而是一種同情或相互了解的感情。它的意義，是以具有想像力的方式去感受他人的經驗，分享他們的快樂與痛苦，而不是只想著自己。[9]喬治・艾略特是這種倫理學立場在十九世紀的偉大繼承者之一。在這一點上，道德與美學是緊密結合的。這並不是說我們沒有利益：其實，我們的利益不在我們自身，而是在他人身上。如同亞里斯多德的德行，這種具有想像力的同情心本身就是它的回報；它不試圖從他人的福祉獲利，而是幾乎將他人的福祉視為一種感官享受的樂趣。無私（後現代理論所認定的終極幻想）是對早期中產階級社會自我本位的個人主義的反擊，它起自一種基進的政治概念。

做出冷靜、不動感情的評判，是一件在情感上相當費力的工作。它並不是自然而然就會出現的。客觀性要求一定程度的熱情，尤其是願意修正你最根深柢固的偏見的熱情。無私並不表示可以神奇地超脫於利益，而是認知到某些你的利益對你並沒有好處，或者了解到為了要有效地達成某項工作，最好先把某些利益擺到一邊。無私需要想像力、同情心與自我節制。你並不需要脫離爭論，從某個權威的角度來決定在某種特定的情形下首先必須被顧及的應該是誰的利益。相反地，要正確地做出這種判斷，你必須要處於爭論之中，從特定情形的內部做出評判，而不是徘徊於某種中間地帶，因為，你沒有辦法在中間地帶對事情做出正確

---

9 這裡的「無私」概念來自十八世紀愛爾蘭的偉大哲學家法蘭西斯・賀齊森（Francis Hutcheson）。見 R. S. Downie (ed.), *Francis Hutcheson: Philosophical Writings*, London, 1994。

的認知。應該叫你的男僕在寒冬裡走過十五英里的路、穿越土匪橫行的森林，去幫你買塊果凍糖？還是應該讓他留在即將過世的父親身邊？你並不需要站在某種形上學的外太空來做出恰當的決定。一個堅持要派男僕去買果凍糖的人是無理的；這點值得那些主張理性（而非非理性）是冷漠的人們三思。

當然，你也可能是出於自私的理由才決定不讓你的男僕走那十五英里路。或許，你想用你的慷慨感動他，好減少他的工資；又或者，你擔心他可能會在下次替你燙內衣時故意把它燒焦，藉以作為報復。無論如何，真正重要的是你的行為。這並不是說你的意圖完全不重要，而是說你的意圖比較不重要。某些道德思想一直對意圖有不必要的執迷。因此，我們目前所檢驗的古典倫理學具有一種優點，即古典倫理學的道德價值乃是存在於世界，而非我們的心靈。在這個意義上，道德價值相似於意義，即它最初是存在於歷史，而非我們的頭腦。

對亞里斯多德而言，德行並不是一種心理狀態，而是一種稟性；也就是說，就算你並未採取任何行動，你也一直準備好要以某種方式進行行動。它是關乎你在某種給定的狀況下所慣於採取的行止方式。善是關於習慣的。就像演奏橫笛，你越經常練習，你的表現就會越好。不同於我們這些後浪漫時代的人所認為的，它並非是起自某種我們內在的道德情感，接著才產生道德行動。若是這樣，就等於是認為一個人可以花上三年的時間「內在地」學習演奏橫笛，接著，他只要一拿起橫笛，便能馬上演奏出優美的音樂。事實上，能夠創造出適當的心理狀態的，是我們的行動。只有藉著習慣性地做出勇敢或慷慨的舉動，我們才會變得勇敢或慷慨。這又再一次地相似於意義的問題：我們並不是因為先有「憤怒」的概念，接著才把它形諸文字；要了解「憤怒」的概念，就要明白使用這個字的社會習慣是什麼。

客觀性並非意謂著不從任何立場來做出評判。相反地，你必須要從某個「立場」出發，你才能夠明白狀況究竟如何。只有從某個角度來關照現實，現實才會對你產生意義。舉個例子，過悲慘生活的人們往往比他們的主人更可以明白人類歷史的真實性；這並不是因為他們天生就比較具有洞察力，而是因為他們能夠從自己的日常經驗了解到大多數人的歷史大致上都是關於暴虐的權力與徒勞的苦痛。正如同麥可・哈德（Michael Hardt）與安東尼奧・納格利（Antonio Negri）在《帝國》（*Empire*）中指出的：「只有生存於貧困與受苦的窮人，才真正基進地活出真實與當下的存有，因此，只有窮人才具有更新存有的能力。」[10]只有真正了解事物悲慘性質的人，才有辦法不受幻想與既得利益的影響，從而能夠真正地改變事物。如果無法深刻了解問題，你就不能有效改變狀況；而為了要充分了解問題，你就必須身處問題

10 Michael Hardt and Antonio Negri, *Empire*, Cambridge, Mass., 2000, p. 157.

的棘手之處，或至少要了解該處所傳遞出的訊息。

因此，在默會或非正式知識的層面上，貧苦的人要比治理他們的人更加了解歷史。客觀性與特定立場並不是敵人，而是同盟。基於這樣的理由，真正無法產生客觀性的，是自由主義深思熟慮的公平態度。只有自由主義者，才會陷入只有不抱持任何特定立場才能正確了解事情的迷思。在某種特定立場具有比另一種特定立場更多真實性的情形下（也就是所有重要的政治處境所會出現的情形），自由主義者往往會陷入困境。因為，這等於不將真實等同於「對稱」（symmetry），卻是將之等同於某種特定立場，而這通常並不符合自由主義者觀看事情的方式。對自由主義者而言，真理通常位於「中道」。或者，如同威廉斯所言：當心中存有疑慮時，英國人想到的會是鐘擺。在面對窮人所提出的歷史在多數時刻都是充滿殘酷與不幸的觀點時，自由主義者會本能地試圖加以平衡：歷史難道不也同時充滿許多光輝與意義嗎？歷史的確同時也充滿光輝與意義；然而，如果要宣稱這兩種觀點可以相互彌補，顯然是在說謊。在這裡，公平並無助於達成客觀性。真正的深思熟慮是要採取立場的。

我們往往會認為主觀是關於自我，而客觀是關於世界的。因此，主觀與價值有關，而世界則與事實有關。然而，這兩種面向如何可以合而為一，卻往往是個不可解的謎題。無論如何，一種可以匯聚這兩種面向的方式，在於進行自我反省。或者，如果你願意的話，你也可以將它稱為一種奇特的翻跟斗，從而使得自我可以把自身當成是一種知識的客體。客觀性並不僅僅是一種外在於自我的狀況。在自我知識（self-knowledge）的形式裡，客觀性是所有成功生活的先決條件。自我知識是和事實與價值密不可分的。自我知識是一種了解自我的問題，不過這種了解的行動本身卻反映出一種價值，而這種價值是超出蘭花與短吻鱷所及的。

如果說我們必須在一層又一層的自欺之下進行探索才能了解世界，那麼要了解自己就更是如此。只有具備非比尋常的安全感的人，才有勇氣面對自我，既不試著合理化自己所發現的事情，也不會充滿無益的罪惡感。而只有一個確信自己被愛與被信任的人，才能具有這樣的安全感。這是知識與道德價值的另一個連結。由於恐懼是我們的自然境況之一，所以只有當人們面對他們所愛與信任的人時，他們才能真正地展現自己，讓對方了解。如同在莎士比亞的《惡有惡報》（*Measure for Measure*）裡，公爵（Duke）對犬儒的魯齊歐（Lucio）所言，「愛以更佳的知識發言，而知識則以更珍貴的愛發言。」在信任他人的自我揭露中，知識與價值是息息相關的。同樣地，只有當人們了解自己仍將會被接納時，一個人才有勇氣面對關於自我的真實。在這些意義上，價值與客觀性同樣不同於許多人所認為的，會是兩相對反的事物。

客觀性的一種對立物是自戀。認為世界是一個獨立於我的生命的物體，便是接受在我死後世界仍將會漠不關心地繼續前進。[11]由於那時我已不在人世，無法加以確認，所以對我而言，這是一種臆測，但同時也是一種絕對的必然。世界是完全民主與公平的：它並不關心我們之中的任何人。不同於奴隸與主人之間的關係，世界的存續無須仰賴於我們對它所抱持的好感。只有那些幻想現實「有可能」會關心他們（或許曾經關心過他們）的人，才會像被拋棄的戀人一樣。那些想像世界喜歡他們，而且認為其存在在某種意義上是有賴於自身存在的人，是永遠無法長大的。或許真如佛洛伊德所指出，我們從來就沒辦法真的長大，成熟不過是年輕人存有的幻想。不過，幼稚仍然有程度上的差別；而超級名模與唯心論哲學家則是最幼稚的。

這些人通常也沒有辦法了解他人的自主性。我們認知世界客觀性的一種方法，是認知到他人的在場；在一個非常基本的層次上，他們的行為顯示出一個事實，即現實對於他們與我們自己都是一樣的。如果事情看來似乎並非如此，那麼，至少也始終會有人和我們唱反調。的確，他人是客觀性的典型範例。他們並不僅僅是獨立於我們的世界的組成部分，事實上，

11 當然，「獨立」與「客觀性」並不是完全相同的。不過，正是因為我們能夠認知到某件事物是獨立於我們而存在的，我們才有可能了解該物的實際情形。我們並不會試著要了解自己幻想的實際情形。

他們是世界的組成部分中唯一可以使我們明白這種客觀性的真實。他人是活生生的客觀性。而正是由於他們是和我們一樣的主體，所以他們能夠向我們揭露他們的他者性，從而也在這樣的行動中揭露我們自身的他者性。對保守主義者而言，世界上有種東西是不可以亂碰的，這個東西就是財產。對基進主義者而言，世界上也有種東西是不容我們干涉的，這個東西就是他人的自主性。我們對客觀性的概念即是以此為基礎。自由主義者的特色是兩邊押寶，相信財產，也相信自主性。

第六章

道德

Morality

長期以來，文化理論家迴避關於道德的問題，他們認為這個問題令人尷尬。談論道德似乎是一種說教、非歷史、自負與高壓的行為。對比較務實的理論家而言，它還是多愁善感與非科學的。「道德」更往往只是一種壓迫他人的好聽藉口。道德是我們的父母所相信的，而不是我們會如此認為的。大多數的道德都與性有關，或者更準確地講，與為什麼你不應該有性行為有關。既然性行為在一九六〇年代後成為如同塗睫毛膏或祭祖般的神聖義務，於是，道德很快地臣服於流行之下，或者甚至是政治之下。倫理是給那些郊區居民的，政治才是真正流行的。

倫理學不是給熱中政治的人，而是給那些會為了是否該和某人上床而大驚小怪的人。這並不是說熱中政治的人不會和人上床，只是他們不會因此大驚小怪。所謂的道德問題，例如是否該從書店裡偷走一本高價的尼采著作，可以藉由提出以下問題輕易化解：它會增進還是妨礙勞動階級的解放？既然這麼做不太可能會嚴重妨礙到勞動階級的解放，所以，偷書應該是被允許的。於是，圖書館與書店裡頭所有尼采與馬庫塞的著作都消失了，只留下華特·史考特（Walter Scott）[1]的著作與溫斯頓·邱吉爾（Winston Churchill）的書信紀錄。

1 譯注：西元一七七一—一八三二年，蘇格蘭小說家與詩人。

我們已經指出這是一種錯誤的道德觀點。道德是全然關於生命的喜悅與富足的，而且倫理學與政治學在古典思想中是難以相互區隔的。儘管如此，文化理論家仍然對道德問題感到焦慮，因為這似乎是將個人問題抬高至政治問題之上。道德難道不是關於守信與不通姦，而非關於工資協議與電視經營權嗎？的確，道德往往是一種將困難的政治問題化約為個人問題，從而加以迴避的方法。舉個例子，在所謂的反恐戰爭裡，「邪惡」的真正意義是「不要尋求政治上的解釋」。這是一種可以大大節省時間的方法。如果恐怖份子僅僅只是邪惡的，那麼你就不需要去探究他們犯下殘忍暴行的原因。你就可以忽視巴勒斯坦人民的悲慘處境，或是忽略阿拉伯人在西方世界因自私與石油之故所支持的卑劣右翼獨裁者統治下的苦難。

「邪惡」這個字眼將問題從世俗的領域轉化至形上學的領域。你不能承認恐怖份子所犯下的可怕罪行是有目的的，因為這麼做就等於承認無論他們的想法再怎麼錯，他們仍然是具有理性的。把你的敵人描繪成一群嗜血的野獸會比較方便一點；然而，這會是一種危險的舉動，因為你要打敗敵人，必須要先了解敵人。英國的小報可能不會認為北愛爾蘭共和軍是游擊隊，而是凶猛的野獸，毫無理由地從事各種破壞行動；不過，英國情報局就不會這麼想，他們了解北愛共和軍的謀殺與屠殺是有目的的。的確，從道德上來講，將你的敵人貼上「瘋狂」的標籤，等於是免除他必須為其罪行負起的責任。

要完全以個人的方式來界定道德，就好像是相信青少年之所以會成為不良少年，完全與他曾經受到的虐待與情感剝奪毫無關係。抱持這種觀點的人有時會指出，並非所有曾經受到虐待的兒童都會成為不良少年；不過，也不是所有抽菸的人都會得肺癌。舉出這一點，並未駁斥兩者之間的關係。道德價值必須像藝術價值一般獨立於社會力。這種觀點背後的恐懼，乃是「解釋即是寬恕」；人們害怕會上了一種多愁善感、社會工作者的道德理論的當，否認人性邪惡的真實。

不過，幾乎沒有人會相信要解釋希特勒之所以出現的複雜歷史因素，即是要原諒他所犯下的罪狀。至少現在幾乎沒有人會相信這是一種思想犯罪，儘管在當時這可能會被認為如此。部分原因在於此時出現了恐怖主義，而政治解釋被認為可以帶來慰藉，儘管政治解釋在實際上有助於打擊恐怖主義。根據這種觀點的一種比較溫和的版本，有某些不道德的行為是我們可以用社會的方式加以解釋的，然而，還有另一類不道德行為是邪惡的，對此我們則無法以社會的方式進行解釋。我們稍後將會討論這種看法。

如同訴諸心理學，訴諸道德往往是一種迴避政治論證的方法。抗議者的抗議是沒有理由的，他們只有太過放任的父母。反對巡曳飛彈的婦女只是充滿陰莖欽羨而已。無政府主義者則是欠缺有效的便溺訓練。就古典道德思想看來，上述這一切都十分反諷。如同前述，對亞里斯多德而言，倫理學與政治學是緊密連結的。倫理學是關於如何成為一個卓越的人類，而且，沒有人可以在孤立的狀態下達成這個目標。此外，也沒有人可以在缺乏可以踐履人類天性的政治制度的情形下成為一個卓越的人類。馬克思所承襲的正是這樣的道德思考，即使是在經濟思想上，他也深受亞里斯多德的影響。由於善惡的問題被錯誤地抽離出它們所在的社會脈絡，因此，它們必須被重新置回社會脈絡來加以考量。在這樣的意義上，馬克思是古典意義下的道德學家。他相信道德探究必須要檢驗所有使得某種特定行動或生活方式成為可能的因素，而不僅僅只是檢驗個人因素而已。

不幸地，馬克思似乎是一個不明白自己是古典道德學家的古典道德學家，就像但丁不明白自己處於中世紀一樣。如同與他同時期的基進主義者，馬克思也認為道德大體上只是一種意識形態。[2]這是因為他犯了典型的布爾喬亞錯誤，將道德與倫理主義（moralism）混為一談。倫理主義認為存在著一組與社會問題或政治問題截然不同的道德問題。它並不明白「道

2 詹明信對倫理學所做的諸多闡釋可以作為這種觀點的典型表述，例如：「……無論倫理學以何種形式出現，它都可以被視為是一種神祕化之意圖的跡象，尤其是打算以能夠安撫人心的簡化二元對立神話，來替代一種比較恰當的政治與辯證觀點所做出的複雜與矛盾的判斷。」（*Fables of Aggression*, Berkeley and Los Angeles, 1979, p. 56）詹明信不僅錯誤地以為所有倫理學都是為了要替代政治學，他還誤以為倫理學永遠是一種僵化的善惡二元對立。這是一種對被認為是過度簡化的現象所做出的過度簡化解釋。

德」意謂著盡可能地以豐富與敏感的方式來探究人類行為的紋理與性質，而且這是不能以將人們抽離出他們所屬之社會環境的方式辦到的。這就是如小說家亨利・詹姆士（Henry James）所了解的道德，與這種了解方式相反的，則是認為你可以將道德化約成規則、禁止與義務。

無論如何，馬克思犯下了將道德界定為倫理主義的錯誤，所以可以理解地，他否定了道德。他似乎不明白自己是現代的亞里斯多德。在現在這個時代裡，古典道德的典範已經是女性主義，它以自己的方式進行道德與政治、權力與個人的交織。正是在女性主義的傳統中，亞里斯多德與馬克思的寶貴遺產得到了深化與更新。這並不是在想像個人與政治是相同的東西。一個人有可能會過度政治化，也有可能會過度個人化。在盛怒之下，英國的女性主義者曾經打算在衣領上別上徽章，上頭寫著「個人的也是個人的，所以滾開！」這便清楚地說明了重點。個人與政治之間的區隔並不同於道德與政治的區隔。為我們這個時代帶來這種珍貴洞見的，即是女性主義。

以偉大小說家的方式來了解道德，便是將道德視為細微差異、性質與細緻層次的錯綜交織紋理。小說傳達出道德真實，儘管不會是歐羅・羅伯斯（Oral Roberts）[3]或伊恩・佩斯里

3 譯注：二十世紀美國基督教福音教派代表人物。

（Ian Paisley）[4]所認定的道德真實。一部具有道德寓意的小說在道德上可能不太有趣。《高蒂洛克與三隻熊》並不是什麼最深奧的寓言。不過，正如我們所了解的，這並不是要排斥規則、原則與義務。事實上，詹姆士的作品裡頭也有許多規則、原則與義務。事實上，我們是要把規則、原則與義務放在一個不同的脈絡裡。有些行為對人類生活的充分發展是至關重要的，也有一些行為是對之有害的，因此我們以規則、原則與義務來約束行為。它們本身並非目的，而是良善生活架構的一部分。這並不是說原則是不能改變的，而我們在原則之外的其他行為則是依憑經驗。原則是可以變通的，而這種變通性並不會有損於其之所以成為原則。原則之所以不同於我們生活的其他面向，並不在於它們的不可變通性，而是在於它們具有保障或增進生活富足的重要性質。舉例言之，除非有一條法律禁止不正義的屠殺，否則便無法達成促使生命富足的目標。任何一種充分發展天性的生命形式都會有其義務與禁令。唯一會出現的問題是，你可能會把道德等同於義務與禁令，而不是天性的充分發展。

大致上，這就是聖保羅（St Paul）對摩西律法（Mosaic Law）的看法。聖保羅對摩西律法抱持批判的態度，不過，這並不是因為他誤以為猶太教的律法僅僅是關乎遵守儀禮與法律

4　譯注：北愛爾蘭宗教與政治領袖。

禁令，而基督教的福音是關於愛的。身為一個虔誠的猶太人，聖保羅完全了解摩西律法「是」關於愛與正義的法律；它並不僅僅是關於梳洗與飲食神經質的小題大作。因人類同情心而擱置法律並未違背猶太律法。舉例而言，禁止以上帝的形象塑造偶像的律法，其實是一種對拜物教的禁止。雕刻上帝的圖騰，即是把上帝當成是一種意識形態的偶像，從而使得你可以用一種操縱神奇器具的方法，來讓他實現你的願望。在猶太聖典裡，你不能製造上帝的形象，或甚至稱呼上帝的名諱，因為上帝唯一的形象便是人性，而人性就像上帝一樣是無可界定的。另外一種類似的意識形態拜物教禁止是關於勞動，這是為什麼律法主張人們應該定期在安息日休息，不該勞動。這與上教堂毫無關係，因為當時根本沒有教堂，而是與休閒有關。

同樣地，對偷竊的禁止也與私有財產沒有關係。現在大多數舊約學者都會同意，這項禁止是關於對人的偷竊，也就是誘拐。誘拐行為在當時十分盛行，尤其是因為你能夠藉此獲得其他部族的勞動力。相較於更明顯的主題，例如通姦，舊約時代猶太人的私有財產並沒有多到使得他們需要從西奈山上獲得一種特殊的命令來加以規範。尊敬你的父母其實是關於如何對待部族裡頭的老人與經濟上缺乏用處的人，而不是關於核心家庭，因為當時根本沒有核心家庭。

認為舊約時代的猶太人是一群官僚守法主義者的想法，其實是基督教反猶主義的一部分。將法利賽人（Pharisee）描述成這種人的新約裡頭便已散見這種反猶主義。的確，法利賽人是純正主義者，但他們也是同情祕密奮銳黨人（Zealot）的反羅馬帝國猶太民族主義者。耶穌所說的許多話都像是出自於一個標準的法利賽人，雖然他同時也咒罵法利賽人，或許部分原因在於要把自己與他們區隔開來。

同樣地，如果沒有法律，就不會有愛。在猶太—基督教傳統裡，愛所代表的，是以某些具體的方式行動，而不是覺得心裡有一種溫暖的光輝。舉個例子，愛是去關懷生病與被囚禁的人，而不是對他們有一種浪漫的感覺。這些事情有時是需要被法典化的，部分原因在於窮人需要法律作為他們的保護。窮人若是僅僅仰賴於經濟地位優於他們的人士的偶發善心，將會是一種愚蠢的作法。愛是一種極為模糊而複雜的事物，道德語言則是試圖把愛是什麼進行較為明確之表述的方法。「愛你的鄰人」的命令，並不是基督教才有的發明，而是來自舊約裡頭的利未記（Leviticus）。人們並不需要等到公元一世紀出現某個模糊的猶太先知（而且他還可能沒有辦法像他的導師施洗約翰〔John the Baptist〕般吸引那麼多群眾）之後，才開始對彼此友善。

由於模糊可能會造成不義，所以法律必須準確。一個犯下強姦案的罪犯可能會因為法案起草者的文字過於模糊而脫罪。與刻薄的雇主協商的雇員最好訂立明確的契約。法律的精神未必永遠會比法律的條文來得好。莎士比亞的夏洛克（Shylock）[5]之所以「無情地」堅持契約在字面上的意義，一個原因在於他試圖揭發基督教統治階級的偽善，這種偽善會透過各種卑鄙的伎倆或不誠實的言詞詭辯來使屬於基督教統治階級的成員脫離困境。夏洛克對法律的堅持是一種對基督教統治階級自身偽善的奇特諧仿，以凸顯他的財富。對一個卑鄙的猶太人而言，這一點可是了不起的成就。

因此，法律的準確性是不能以一陣突然發作的多愁善感來加以非難的。耶穌譴責守法主義，但他大體上都遵守著猶太律法。猶太統治階級之所以把他交給羅馬當局的一個原因，或許就在於他們無法判定耶穌是否違反了摩西律法。法律必須要是無情地客觀，這樣才能平等地對待所有受到法律保護的人們。「特權」（privilege）意謂著「私法」（private law）。以平等方式對待人們，並不表示把他們都當成是一模一樣的人來對待；它的意思是對於每個個體的獨特境遇，都以公平的方式來處理。平等意謂著給予每個個體的特殊性相同的權衡。我們接下來還會看到愛也同樣具有類似的無情匿名性（inhuman anonymity）。

---

5 譯注：《威尼斯商人》（*The Merchant of Venice*）裡放高利貸的猶太商人。

只不過就聖保羅看來，法律其實是給孩童與新手的。法律是給那些在道德上尚未獨立的人，因為這些人需要由法規與責難所形成的鷹架提供他們支撐。他們尚未發展出自發性的德行習慣，仍然以迷信的方式看待道德，認為道德是關於對更高權威的冒犯或遵循。他們所擁有的，是學步者的倫理學理論。法律可能會幫助他們成長，使他們達至愉快的道德自主性；不過，只有當他們能夠拋開枴杖、完全倚靠自己時，他們才能算得上是真正獲得了道德自主性。同樣地，只有當人們能夠拋開阿爾巴尼亞文字典時，他們才能算得上是真正精通阿爾巴尼亞文。又或者，只有當人們開始超越或改善他們所被教導的繪畫或作詩規則時，他們的藝術事業才能算得上是真正出現進展。對規則的學習有助於他應該在何時將之拋棄的直覺。

直到不久前，文化理論家才明白我們無法完全拋棄道德言說而生活。握有政治權力的人或許能夠辦到這一點，因為他們永遠可以用全然行政上的方式來界定自己的權力。政治是一種公共行政的技術性事務，而道德則是一種私人的事務。政治是屬於會議室的，而道德則是屬於臥室的。這也導致了許多不道德的會議室與政治壓迫的臥室出現。由於政治已經被重新界定為全然計算與務實，所以它現在幾乎成為倫理的對立物。不過，因為政治從來就不敢厚顏無恥到完全甩開倫理，所以政治必須在某種道德價值的名義下進行，然而政治卻又不得不同時違反這些道德價值。政治需要這些價值賦予它正當性，然而它們卻又會嚴重地妨礙政治。這是我們現在之所以見證一個後倫理新紀元的開始的原因之一：世界強權不再試圖以虛有其表的利他語言來包裹自身赤裸的利益，而是傲慢地坦率表達出自身的利益。

然而，政治左派卻無法以這種全然技術性的方式來界定政治，因為他們所主張的解放政治不可避免地會涉及價值問題。某些傳統左派思想的問題是：你越是想要確立你的政治主張，使之成為一種科學、唯物的事物，而不是一種不切實際的烏托邦夢想，你就越有可能會危害到自己的政治主張所欲達成的價值。舉例而言，要以科學的基礎來建立正義的概念似乎是不可能的；那麼，當你在譴責資本主義、奴隸制度或性別歧視時，你究竟師出何名？除非你對於什麼叫作「不受壓迫」有些許理解，而且也打從一開始便明白受到壓迫是一件壞事，否則，你便無法指出某個人正受到壓迫。這一切都涉及規範性的判斷，從而令人困窘地使政治變得像倫理一樣。

大體上，文化理論對此所做出的貢獻是十分失敗的。針對那些認為剝奪他人自由或虐待他人並沒有什麼不對的人，它提不出具說服力的反駁。文化理論之所以直到現在都還可以迴避這種問題的唯一理由，是因為現在很少人會如此主張。幾乎每個人都同意剝削他人是錯誤的；只不過他們無法在自己之所以會如此同意的原因上獲致同意。在什麼叫作剝削上，他們也同樣無法獲致同意，這是為什麼諸如社會主義對資本主義的批判或是女性主義對父權的批判絕非不證自明的原因。要判斷某種狀況是否屬於虐待或剝削，無可避免地需要對該狀況提出詮釋。我們只有在某種由預設所構成的脈絡之下，才能對狀況是否屬於虐待或剝削做出判斷。壓迫並不會像一塊紫色的布一般出現在我們眼前。

這是否意謂著壓迫與否其實只是一種意見？答案是否定的。論證某種狀況是否為反猶太，是讓我們對狀況的詮釋彼此衝撞，而不是讓我們對狀況的主觀反應彼此衝撞。這並不像是我們兩個人都觀察某組相同的道德中性物理運作，然後你以主觀的價值判斷「好」，而我以主觀的價值判斷「壞」。道德語言並不是一組用來記錄我們對運作是表示贊同還是否定的概念；道德語言會進入對運作本身的描述。如果我用全然生理學的方式來描述一件反猶太的攻擊，我並沒有辦法了解到底發生了什麼事。若不援引這件攻擊所涉及的信念與動機，我們便無法描述真正發生的事情。同樣地，若不援引諸如嫉妒、競爭與憤恨的概念，我們便無法對一個不曉得當孩童爭奪玩具時究竟發生了什麼事的人描述事情的經過。因此，在這樣的意義上，道德語言並不僅僅只是主觀的。

基進份子有兩種方式能夠解釋剝削為何是錯誤的，然而，這兩種方式卻都不怎麼具有說服力。你可以訴諸「普遍」，論述人類作為一種物種所具有的尊嚴；或者，你也可以訴諸「在地」，認為自由與正義的概念雖然是出自全然文化與歷史的傳統，但對我們而言，這些概念仍然具有強制力。第一種理路的問題，是它似乎排除了歷史，而第二種理路的問題，則是它似乎過於狹隘地建立在歷史之上。第一種理路因為太過一般性而缺乏說服力，第二種理路則落入道德相對論的窠臼。如果你的部落或傳統就像亞里斯多德所屬的一般，認為奴隸制度沒有什麼不對，這是否代表奴隸制度是可以接受的？你是否可以主張報復是不道德的，同時卻又認為受到你的殖民統治的人們是可以進行報復的？是否他們就是沒辦法達到這種高尚的品德？對於食人族，我們應該是要了解他們，而不是改變他們嗎？如果是這樣的話，那麼同樣的規則為什麼不能適用在走私毒品的人身上呢？

大體上，文化理論很少會提出這類問題；就算它提出這類問題，也多半是支吾其詞。然而，它可以繼續再這樣或多或少地矇混過去的日子可能即將結束了。目前，西方世界流行一種實用性的道德證成方式。在諸如言論自由或一定程度之失業率的必然性等等事物上，我們之所以會如此相信，是因為它們是我們文化遺產的一部分。這是一種全屬偶然的遺產，沒有任何形上學的基礎提供支撐；所以，如果你有完全不同的認知，仍然可以適用這種全屬偶然性的邏輯。如果我們不能賦予我們的價值絕對的力量，你就無法提出壓倒性的論證來加以駁斥。在一個意義上，我們之所以如此行事的原因，僅僅是因為我們如此行事。只要時間夠久，歷史就會成為它自己的證成；如同艾德蒙．柏克（Edmund Burke）在捍衛大英帝國與上議院時所堅持的，習慣與實踐乃是最佳的論證。

在後形上學的時代，這種不僅與諸如柏克的浪漫保守主義者有關，同時也與諸如羅逖的後現代哲學家有關的論證方式，還算能夠配合西方文明。儘管如此，它的時日恐怕已經不多。首先，在西方文明已經進入一種嶄新的極端主義、全球侵略階段的情形下，你越來越無法再用這種慵懶、安逸的方式來證成自己的生活形式。目前的美國政府是由一群極端份子與半瘋狂的基要主義者所把持，而這並不是因為它被蓋達組織（al-Qaeda）接管了。其次，對於一種越來越沒有興趣自我證成的生活形式，知識份子也越來越無法為之提供證成。不久之前，西方文明還會用各種嚴肅的學說來正當化一些見不得人的行為：上帝的意志、西方世界的天命、白人的負擔等等。這些理念的尷尬之處，在於它們與人們實際所做的事情產生了奇怪的矛盾。事實與價值之間產生了難以掩飾的信用差距。在實踐上，資本主義反抗所有限制；然而，在傳統上，它卻必須要用自己拘束性的道德律則來隱藏這種無政府的衝動。

隨著西方資本主義開始進入後形上學的階段，這些律則也開始失去它們的可信性。資本主義本身創造出來的世俗、實用主義的氛圍，使得上帝為何允許種族滅絕的講道帶有一種空洞、牧師式的色彩。動聽的偽善開始被傲慢而明顯的自我利益所取代。隨著高尚而可靠的中產階級逐漸成為歷史陳跡，道德與禮儀開始反映漂移、犬儒與自私的二維向度世界，嚴格的道德律則也開始解體。指出應然行為的道德價值的確是充滿理想的，但它們顯然與你的行為脫節；反映實然行為的道德價值的確是比較說得通的，只不過它們沒有辦法為你的行為提供正當性。

無論如何，隨著政治敵手越來越無法限制後冷戰時代的西方體制，西方體制因而也越來越不需要透過人道主義或全球利他主義的掩飾來進行擴張與強化的活動。同樣地，它也面對越來越少的批判者，從而無須證成自我。然而，作為一種西方世界形上學的敵手，伊斯蘭原教旨主義的出現表示西方世界終究需要提出更好的論證，而不能說它厭惡威權主義或為大型企業做假帳只是「剛好」而已。資本主義越是變得掠奪與腐敗，它就越難為自己的生活形式提出具有說服力的辯護；然而，面對因其擴張野心而日漸升高的政治敵意，資本主義對這種辯護的需要就越來越迫切。不過，西方世界這種訴諸基本價值的作法可能會難以與它所試圖戰鬥的基本教義派相互區隔。因此，一種西方世界的敵手可以獲勝的方法，是將西方世界轉化成自己的鏡像；然而，很反諷地，這正是西方世界用以反制他們的方式。

當文化理論終於下定決心要解決倫理學的問題時，很令人驚訝地，它採取的竟然是康德式的方法。之所以令人驚訝，是因為康德的道德思想是絕對論，從而與大多數當代理論的漂移相左。康德倫理學的嚴苛性質並不容易與後現代思想享樂主義的逸樂協調（不過，某些後現代理論的確有辦法將逸樂轉化成一種嚴肅、知性，甚至是有點嚇人的事物）。這種最終出現在保羅・德・曼（Paul de Man）、勒維納斯、德希達、里歐塔與J. 希勒斯・米樂（J. Hillis Miller）等批評家與哲學家作品裡頭的道德理論，是關於一種神祕而不可知的道德律則，這種律則體現在某個他者身上，對我們立下了絕對而無條件的要求，並喚起我們同樣無限的責任感。[6]

依據這種觀點，道德判斷是存在的，但它們並沒有任何標準或理性的基礎。不同於亞里斯多德或馬克思所設想的，在世界的實然與我們於世界中如何行動的應然之間已經不存在任何關係，或者是說，在我們的實然與我們的應然之間已經不存在任何關係。這是因為對這些思想家而言，我們與世界的實然並沒有任何特殊之處，所以它們並不能作為道德判斷的基礎。因此，這些判斷是虛懸於空中的，由某種崇高而神祕的法律或他者以一種明顯毫無根據的方式對我們提出要求。對德希達而言，倫理學是關於絕對的決定；這些決定是重要而且必須的，但它們同時也是全然「不可能的」，居於所有既存的規範、知識形式與概念模式之

6　關於對這種倫理學的解釋，見 Terry Eagleton, 'Deconstruction and Human Rights', in Barbara Johnson (ed.), *Freedom and Interpretation*, New York, 1993。

外。[7]一個人只能希望當他的案子來到法庭時，這些思想家不會是陪審員。

我們可以先從這種「加諸式」（imposing）的道德概念究竟是從什麼開始，探究「加諸」這個詞彙所具有的各種意義。「加諸」是將一種將現今飽受攻擊的過時概念以嶄新的語言重新包裝的講法，這個過時概念即是認為道德主要是關乎負擔或義務的。不過，這裡所使用的「加諸」同時還具有崇高、啟發、高尚的意義。換言之，它忘卻了倫理事務所具有的全然瑣碎。如同某些宗教思想，它認為倫理學是關於永恆，而不是關於日常生活。倫理是一種具有特權的領域，他者在這個領域裡將他滿是光輝的臉轉向我們，對我們提出某種不可解卻又無可避免的宣稱。這是一種沐浴在宗教的虔誠靈光裡的倫理學——它沉浸在一種宗教的修辭之中，卻又不具備宗教語言的明確意義。它劫持了宗教思想的榮光，丟棄這種思想聲名狼藉的內容，如同阿諾與F. R.李維斯（F. R. Leavis）[8]在他們的時代所做的一般。

與之相較，新約的倫理觀是十分非宗教的。馬太福音（Matthew's gospel）論及耶穌的再臨，用一些關於天使、上座天使與榮耀之雲之類的熟悉、二手的舊約意象作為開始。然而，

---

7 見 Jacques Derrida, 'Donner la mort', in Jean-Michel Rabate and Michael Wetzel (eds.), *L'Ethique du don, Jacques Derrida et la pensee du don*, Paris 1992。

8 譯注：西元一八九五—一九七八年，英國文學評論家。

其結果卻是一種矯揉做作的虛假悲憫。歸根究柢，救贖是一些無聊的具體作為，包括餵養飢餓者、給裸體者穿衣以及拜訪病者。依據這種典型的猶太風格，救贖是一種倫理的事務，而不是一種祭儀的事務。它是關於你是否盡力保護窮人免受富人欺凌的問題，而不是關於你是否一絲不苟地遵從祭儀的問題。基本上，它是一種生物學的事務。就連天堂也頗為令人失望。新約也對性採取一種比較寬鬆的態度，並對家庭抱持一種尤其悲觀的看法。

表示道德基本上是一種生物學事務的意義是：如同與我們有關的每件事情，道德的終極根源乃是身體。[9]如同阿拉斯達爾·麥金泰爾（Alasdair MacIntyre）所觀察的，「人類的認同雖然不僅僅只是身體的，但它在基本上是身體的，因此，它是一種動物的認同」。[10]事實上，是會死亡的、脆弱的、會受苦的、會狂喜的、具有需求的、依賴的、具有欲望的、富有同情心的身體，為所有的道德思想提供了基礎。道德思想將身體重新置入我們的言說之中。尼采主張正義、謹慎、勇敢與節制的根源（事實上也是所有道德現象的根源）在本質上是動物的。在這個意義上，倫理學如同美學一般，出現在十八世紀中葉，它並不是一種關於藝術

9　亞倫·巴迪烏（Alain Badiou）對於生物學並不屬於倫理學適當場域的看法，是他的論述的一個問題，否則他的作品是頗具發展性的，詳見他的 *Ethics: An Essay on the Understanding of Evil*, London and New York, 2001。

10　Alasdair MacIntyre, *Dependent Rational Animals*, London, 1998, p. 8.

的語言，而是一種探究身體經驗的方式。以其獨特的浮誇方式，崇尚感情與感受性的十八世紀了解對於道德的討論在基本上是對於身體的討論。對感受性的崇拜發展出一種可以同時處理道德與物質、同情心與神經系統的語言。對溶解、軟化、著迷、心悸、興奮與刺激的討論曖昧地游移在精神與物質之間。相較之下，十九世紀對這些事情則是採取比較高傲的態度。

最初是因為身體，而不是因為啟蒙運動的抽象化，我們才能夠以普遍的方式來談論道德。有形的軀體是我們與時空之中所有和我們相同的物種所共有的最重要特色。當然，我們的需求、欲望與痛苦永遠都是具有文化特定性的。然而，我們有形的軀體卻是（必然）在原則上具有憐憫他人的能力。道德價值便是建立在這種同袍感的能力之上；而這種能力又是以我們對彼此的實質依賴為基礎。如果真有天使，他們也不會是像我們一樣的道德存有。

文化可以說服我們有些人並不值得我們的憐憫。要將其他與我們同屬人類的人當成是非人類，需要一定程度的文化操作。這意謂著我們必須要拋棄透過我們感官所得的證據。這點至少應該可以讓那些認為「文化」在本能上就具有正面意義的人們三思。另外一種意義下的文化也可以成為人們之間關係的障礙，即科技。科技是我們身體的延伸，但它卻可以妨礙我們的身體感受他人的能力。遠距離毀滅他人是容易的，因為如果你聽得到他們在死亡前所發出的尖叫，要毀滅他們就不會是一件容易的事。軍事科技創造死亡，卻摧毀了死亡的經驗。

發射一枚飛彈奪走上千人的性命要比派一個哨兵叫他憑膽量殺死上千人來得容易。惡徒現在可以給予受害者他們永遠渴望的無痛苦死亡。科技使得我們的身體更具有適應性與包容力，但也在某些方面變得缺乏敏感性。科技是依據迅速與多樣性的目標來重新組織我們的知覺，而不是依據深度、持久性或強度的目標。馬克思認為，一旦連我們的知覺都被轉化為商品時，資本主義就竊取了我們的身體。就他看來，我們需要進行重大的政治改革，才能恢復我們的知覺。

在過去，厭惡將人類與其他動物相比的，是人本主義者，因為他們堅持兩者之間有著無可跨越的鴻溝。在今日，則是文化主義者對這種作法感到不快。文化主義者不同於人本主義者的地方，在於他們拒絕人類天性或本質的概念；不過，文化主義者與人本主義者都主張要在語言及文化與愚蠢、殘忍的自然之間做出截然的區分。或者，他們允許文化徹底地殖民自然，從而使得物質性完全消融於意義之中。與人本主義者及文化主義者相對立的，是所謂的自然主義者，他們強調人性的自然面，並認為在人類與其他動物之間存在著連續性。

事實上，在自然與人類、物質與意義之間的聯繫是道德。「道德的身體」可以說是我們的物質天性與意義及價值匯聚的所在。文化主義者與自然主義者都未能了解這種匯聚，他們或者忽視、或者過分強調人類與其他生物之間的連續性。在一種意義上，文化主義者是正確的：人對語言的習得，牽涉到一種次元性的跳變，從而改變了他的整個世界，包括他的知覺世界。人類並不僅僅只是一種額外具有語言能力的動物而已。不過，麥金泰爾的主張仍然是正確的：即便我們是一種文化的生物，「我們卻仍然保有動物的自我與認同」。[11] 一種我們可以稱之為「轉化性的連續性」（transformative continuity）存在於非語言與語言之間，就像在查理一世（Charles I）與威廉三世（William III）的朝廷之間、波特萊爾與T. S.艾略特之間一樣。

因此，我們之所以是一種普遍的動物，是因為我們天生所具有的身體。白鼬是一種比我們偏狹得多的動物。由於牠們的身體並不適於進行複雜的生產與溝通，所以牠們比我們更加受制於其知覺的存在。如同鄉下的白癡與地方的警察，牠們在本質上便是一種在地的生物。不過，這絕對不構成對牠們施恩的理由。白鼬按照自己這種地方性的方式發展得十分良好，而且在各種面向上都無疑是一種了不起的生物。由於牠們或多或少受限於自身知覺的即時生命，所以牠們不會去從事各種抽象事務，例如建造巡曳飛彈與彼此遊說，除非牠們在從事這類事務時保密到家。的確，比白鼬「高等」、聰明的動物比較不會受限於牠們的知覺，並得

11 ibid, p. 49.

以觸及牠們身體之外的事物；不過，與我們這種會使用符號的野獸相比，牠們能夠這麼做的範圍仍然是狹隘的。白鼬的存在要比我們的存在來得乏味；不過，因為相同的原因，牠們的存在也比較不那麼危險。由於我們的身體是我們之所以如此的原因，所以我們在原則上可以與我們的同類生物進行比身體接觸更為深刻與複雜的溝通。

當然，「原則上」是一個重要的附加條件。大致說來，是文化與政治使得我們很難（有時甚至是無法）與他人進行溝通。如同羅伯特・穆希爾（Robert Musil）諷刺地在小說《沒有品格的人》（*The Man Without Qualities*）裡頭所表示的，文化是導致我們分歧的主要源頭：「誠然，他們打彼此的頭，並互相吐口水，不過他們之所以如此的原因，是為了更高的文化考量……」今日那些認為文化是個熱門字眼的人，或是那些無異議地讚頌文化差異性的人，應該仔細想想，如果文化差異從來就不存在，或者全世界的人都是同性戀的中國人，人類歷史將會有多麼地平和。

如馬克思般宣稱所有人類個體都共同擁有一種「類存有」，即是宣稱人類會相互衝突並成群結黨，為了文化或政治的理由而彼此殺戮，並在看法上出現重大的分歧。這便是與他人擁有相同天性的親切之處。我們不會和白鼬發生爭執。我們的需求有時會與牠們的需求產生衝突，例如當我們想要摧毀牠們的天然棲息地，在上頭興建一條高速公路的時候；不過，由於我們不會和牠們討論這件事，所以不能說我們與牠們之間存在著歧見。白鼬並不能主張牠們與我們的差異性。牠們並沒有「差異性」的概念。只有能夠和你溝通的人，才有辦法主張他與你的差異性。只有在某種共同的架構下，衝突才會發生。如果社會主義者與資本主義者，或是女性主義者與父權主義者，都只是在談論不同的東西，他們就不會勢不兩立。差異性是以接近性為前提。

不過，這種會導致劇烈衝突的共有人類天性也同樣會導致團結。你並沒有辦法與一隻白鼬產生團結的關係。牠的身體與你的身體實在太過不同，所以牠和你所關心的事情也大不相同。你可以對白鼬產生同情，尤其是在有人想要殺死牠們的時候；不過，你沒有辦法與牠們達成一種深刻而相互滿足的關係，除非你想常常去看心理醫生來自討苦吃。

人類的身體是一種只能透過文化來存續與發展的身體。文化是我們與生俱來的。一旦沒有文化，我們很快就會死去。因為我們的身體在本質上是配合文化的（因為意義、象徵、詮釋等等對於我們之所以為人類是至關重要的），我們能夠與來自其他文化的人類往來，但我們卻無法與白鼬往來。因為我們無法與白鼬交談，所以牠們的生命對我們是永遠封閉的。我們可以觀察牠們的行為，但我們卻不會知道這些行為對牠們具有怎樣的意義。至少如同一位哲學家所主張的，就算這樣的動物能夠開口說話，我們也沒有辦法理解牠們究竟說了什麼，因為牠們的身體以及隨之而來的實際經驗與我們有根本的不同。白鼬並不具有像我們一般的「靈魂」。我們如何得知這一點？藉由觀察牠的作為。舉例而言，一種沒有能力參與複雜的物質生產的身體，是不能被稱為具有人類「靈魂」的，而白鼬的爪子並不具備這樣的能力。

這可能不是現代人性所面對的最深重悲劇；除了白鼬永恆的沉默之外，還有許多更為急迫且必須擔憂的事情。無論如何，重點是在原則上要了解來自與我們極為不同之文化的人們，會比要了解一隻人類長期飼養的可愛西班牙獵犬來得簡單。之所以如此的部分原因，在於我們與他們所共享的，正是他們就像我們一般同樣屬於文化生物的事實。作為一種文化生物，預設了許多共享經驗。不過，部分原因也在於無論我們與他們之間存在著怎樣的障礙，我們與他們所進行的溝通，都會遠比我們和非語言生物所進行的溝通要來得豐富。當我們不再談論西班牙獵犬，轉而談論薩丁尼亞人時，「了解」這個字的意義就會產生轉變。

於是，我們可以比較這種立基於我們身體的唯物普遍性概念與後現代主義者所散布和虛構出來的普遍性概念。依據後現代主義者的說法，普遍性是一種西方世界的陰謀，它似是而非地將我們在地的價值與信仰投射至整個世界。許多這類事情確實正在進行中。的確，在我寫下這段文字的同時，喬治．布希（George Bush）正代表這種虛假的普遍主義。對於僅僅想要存續下去的弱勢與貧困的文化，西方世界要求它們付出泯除自身差異性的代價。為了獲得發展，在大體上你必須停止成為你自己。不過，很重要的一點是，當後現代主義者思考普遍性時，他們往往會先想到價值與想法。這剛好也是布希看待普遍性的方法。這是一種唯心論的普遍性，而不是唯物論的普遍性。

在一種意義上，今日的普遍性是一種具體的事實。長久以來，社會主義的目標一直在於把這樣的事實轉化成一種價值。我們成為一種普遍的溝通性物種的事實（大體上，這樣的事實要歸功於資本主義）應當可以成為一種全球秩序的基礎，在這種全球秩序裡，每個人的需求都能得到滿足。地球村必須成為一個合作性的共和國。而這並不僅僅只是一種道德訓令而已。「必須」意謂著「能夠」：使得一種全球存在成為可能的資源，也使得一種新形態的政治存在在原則上成為可能。在當下，這種馬克思主義者長期以來所堅持的生活已不再如同在西元一五〇〇年般，是無意義的夢想。正是由於某些由資本主義所發展的科技，使得我們現在擁有將這種生活實現的物質基礎。若我們不將它實現，我們最後可能會連一點物質基礎都不剩。一旦每個人都能登上政治舞台，擁有足夠的精神與物質財貨，我們將可以期待衝突、爭論、差異與異議的滋生，因為到那時將會有眾多人們得以闡述他們的觀點，得到公眾的傾聽。這種情況剛好是某種服了鎮定劑的烏托邦的對反。

虛假的普遍性會堅持我們都是相同的。然而，這種「相同」究竟是從誰的觀點而論？這種觀點撲滅了差異，卻只是把差異轉化為衝突。撲滅差異是一件暴力的事情，而那些因差異的撲滅而危及其認同的人們將會以同樣沾滿血跡的方式進行回應。真正的普遍性會明白差異是我們共有的天性。差異並不是共有天性的對反。身體也許是我們彼此感到親近的基本原因，但它同時也是我們之所以成為獨特個體的原因。因此，面對另一個人體，必然是同時面對相同與差異。他人的身體是既陌生又熟悉。正是我們可以與他人的身體產生關連的事實，點出了他人身體的他者性。他人身體的這種陌生性是世界上其他東西所不會具備的。

個體化是人類這種物種固有的活動之一。不過，它是一種實踐，而不是一種給定的條件。它是一種我們藉由我們所共有的媒介從而交涉出自己獨特身分的活動。作為一個人類個體並不同於作為一個個別的桃子。這是一種我們必須達成的計畫。這是一種我們以共有的存在為基礎從而為自己打造出來的自主性，因此，它是我們依賴性的連帶產物，而不是用來取代我們依賴性的東西。人類這種物種的生命使得我們得以建立一種稱為個人身分的獨特關係。物質永遠是一種特定的事情：它永遠是原料的某種特定層面，而不會是任何舊有的原料。「特定」（specific）這個字本身就同時意謂著獨特與「屬於物種的」（of the species）。

對於今日的文化理論，所有這些關於人類作為一種自然物種本質的動物學論述都受到深刻的質疑。由於人本主義（一種對於人類在自然之中具有獨特地位的信仰）已經不再流行，確保人類至高性的任務便交給了文化主義。如同經濟論以經濟的方式來看待一切，化約論形式下的文化主義也以文化的方式來看待一切。因此，它對我們是一種自然的物質物件或動物的事實感到不安，轉而主張我們的物質本質是一種文化建構。

將整個世界轉化為文化，是一種否認世界具有獨立於我們的存在的方法，從而也是一種否認我們死亡的可能性的方法。如果世界的實在是仰賴於我們對之所進行的言說，那麼，這種言說似乎都賦予了人類這種動物明顯的中心性（無論這種動物在言說中有多麼被「去中心化」）。這使得我們的存在看來比較不那麼偶然、具有比較堅實的本體論基礎，也比較不那麼受制於死亡的命運。由於我們是唯一站在實在與全然混亂之間的生物，所以我們是意義寶貴的守護者。使得我們周遭的麻木事物能夠發言的人，是我們。在指出諸如死亡這樣的自然事件可以透過各種文化形態來加以表達的事實上，文化主義當然是正確的。然而，我們終究會死。死亡代表了自然對文化的最終勝利。死亡可以透過文化加以表達的事實，並無法阻止死亡成為我們的生物本質裡一種非偶然性的部分。真正必然的，是我們的消逝，而不是我們所賦予的意義。我們周遭的麻木事物早在我們存在之前便已存在。事實上，它們在那時一點都不麻木，因為將它們界定為無言的人，是我們。無論如何，為全能的意志勾勒出一種無可忍受之侷限的死亡，在一個發展出諸多文化主義思想的社會（美國）裡，實在是一個太過猥瑣的事件，從而不值得被常常提及，而這或許正是文化主義的思想何以會在該地如此盛行的原因之一。

文化主義者擔憂我們若不時時刻刻提醒自己我們是一種文化動物的話，我們就有可能會墮入「自然化」自身存在的陋習，以為自己是無可改變的存有。因此，他們反對本質論，這樣的反對應該會受到諸如約翰・洛克（John Locke）與傑瑞米・邊沁（Jeremy Bentham）等布爾喬亞思想老前輩的大力讚賞。事實上，對於文化，我們同樣可以採取像對於自然一般的本質論觀點。無論如何，這種看法有時似乎假定所有的恆常都是令人厭惡的，而所有的改變則都是可欲的；然而，這是一種荒謬的假定。事實上，人類的存在裡頭有許多合理恆常的特質，是我們有理由要好好珍惜，同時，也有許多類型的改變是具有毀滅性的。

無論提倡永久可塑性的後現代主義者怎麼認為，改變本身並不是可欲的。不過，改變本身也並非不可欲的。葉慈（W. B. Yeats）輓詩裡簡潔的感傷令人深受感動：「人們愛戀著，愛戀著消逝的事物，還有什麼可說？」然而，許多事物，從瘟疫到父權體制，卻不會消逝得那麼快。事實上，我們的境況裡還有許多面向是我們所無法改變的，而我們並不需要特別因為這些事情而感到消沉。世界各地的人們將永遠是一種社會動物的事實是不會改變的，不過這絕對不會是一種悲劇性的事實。有許多恆常的事物是值得讚頌的。在學院裡頭，超過五十歲的人並不需要自動受死，這種長期以來的傳統是值得讚頌的，至少是對我們之中的某些人而言。無論如何，如果某種意識形態使得歷史成為自然，這並不表示所有意識形態都會如此。某些意識形態反而會反其道而行，把自然當成是我們手中的黏土。

當代西方世界的公民會認為對事物可變性的忽略是我們最大的危險之一，這實在令人覺得不可思議。相反地，我們周遭有太多的變遷，而不是太少。人們必須得要瘋狂地學會新技能，否則他們就會被丟到垃圾堆裡。一夜之間，一整堆的生活方式便不復存在。剛開始發展的科技變得落伍，巨型企業則有內爆的可能。所有堅實的東西（銀行、年金制度、反軍備條約、臃腫的報業鉅子）全都消融於空氣中。人類的認同被剝下、重組、試穿、以一種惡意的方式受到攻擊，然後再於社會生活的伸展台被浮誇地展示。在這種永恆的騷動中，成為社會主義者的一個正當理由是能夠喘口氣。

身體，這種死亡命運的麻煩提醒者，被拔除、穿洞、蝕刻、敲擊、充氣、縮小與翻新。肉體被轉化為符號，逃避著將它貶抑為屍體之純粹色情的無意義時刻。死屍是粗鄙的：它們以令人尷尬的坦率顯示了所有物質的祕密，指出物質與意義沒有任何明顯的關係。死亡的時刻，是意義從我們內部出血的時刻。因此，看似對身體的讚頌，也可能隱藏著一種惡意的反唯物論；將這種生猛、易腐的事物匯聚成比較不易腐壞之藝術或言說形式的欲望。身體的復活出現在刺青等候室與整容手術諮詢處。將這種難以駕馭的事物轉化成我們手中的黏土，是一種操控難以操控事物的幻想。這是一種對死亡的否認，一種對於我們自身之限制的否定。

儘管資本主義有其愚蠢的唯物論，它對物質也有同樣祕密的反感。在資本主義永無休止地獵捕著一個又一個的物件，受詛地追求它終極的欲望，而將物件消融為無物的過程中，沒有任何一種個別的物件能夠滿足它貪婪的欲望。儘管資本主義愛戀著物質，但在托斯卡尼的別墅與雙份白蘭地之下，資本主義社會卻對物質產生了一種祕密的憎恨。資本主義是一種充滿幻想的文化，一種徹底唯心論的文化，由一種試圖將自然化為粉碎的不具形意志所發動。它將物質視為偶像，卻沒有辦法消化物質對它的偉大計畫所做出的抵抗。

當然，在你的二頭肌上刺青並不是件罪過。西方世界長期以來的信念一直是要依據它自己的欲望來打造自然；只是過去的「先鋒精神」在今日變成了「後現代主義」。馴服密西西比河與穿上肚臍環不過是同樣一種意識形態稍早與稍後的變體而已。在依據我們自己的形象與喜好來打造地景之後，我們現在開始重新打造自己。土木工程與整形手術現已相互結合。不過，穿上肚臍環或許還是有或多或少值得誇獎的理由。值得誇獎的理由是，這麼做很好玩；而可恥的理由則是，穿上肚臍環可能涉及了一種信念，即認為你的身體就像你的銀行帳戶一樣屬於你，所以你高興對它怎麼樣都可以。可能存在許多不錯的理由讓你想在胸口刺上一隻兀鷹，或是在鼻上穿鼻環，不過「身體屬於你，所以想怎麼樣都行」的想法絕對不是其中之一。

將身體「個人化」的作法，很有可能會成為一種否認身體在本質上的非個人性的方法。身體的非個人性存在於這樣一個事實，即它在歸我所有之前，已經先歸於人類這個物種所有；而且，人類這種物種的身體有許多層面（死亡、脆弱、疾病等等），是我們寧可它們不存在的。此外，「我的身體歸我所有」也沒有什麼非常具有條理的意義。身體並不是一種像是紅色土耳其帽或手機的財產。誰是身體的所有人？要說一件我從來未曾取得、也從來無法拋棄的東西為「財產」，會是一種很奇怪的講法。我並不是我的知覺的所有人。有一種錐心之痛與有一只粗呢帽並不相同。我可以給你我的粗呢帽，但我無法給你我的痛苦。我可以稱我的身體為「我的」，不過，這只是為了要在我的身體和你的身體之間做出區隔，而不是表示我是我身體的擁有者。在論及血肉時，是沒有任何私人企業家精神存在的。

身體是人類的給定存在最為明白的標記。它不是我們可以選擇的東西。我的身體並不是一種像假髮一樣我可以決定戴上的東西。事實上，它完全不是一種我居於「其中」的東西。身體並不像是一台你可以居於其中的坦克。若是這樣，那麼這種在身體之內的非具形「我」到底是誰？擁有一個身體比較像是擁有一種語言。正如我們已經了解的，擁有一種語言並不像是被囚禁在一台坦克或監牢裡；它是存有於一個世界之中的一種方式。處於一種語言「內部」即是在你面前開展了一個世界，於是，你也同時處於它的「外部」。這種觀點同樣適用於身體。擁有身體，是一種在世界上進行運作的方式，而不是一種從世界隔離開來的方式。「要是我能擺脫我的血肉之軀，我就能更加明白一切」是一種很奇怪的抱怨。這就像在抱怨說「要是這種叫作『言語』的粗糙、不實用的東西可以不妨礙我，我就可以對你說得更清楚一點」。

我的身體不歸我所有的事實並未給予你一種可以闖入我身體的權力。我的身體同樣不歸你所有。不過，原因不在於我「先佔」了我的身體，像是我可以對我先佔的一塊肥沃土地提出所有權的主張一樣。身體的意義有部分在於它們的匿名性。我們熟悉我們的身體，但我們卻無法把它們當作一個整體來了解。我的身體始終有種連我自己都只能從旁偷瞄的「外部」。身體是我出現在他人面前的方式，而這種方式卻有我所無法掌握的部分。身體從我的指縫中溜走，正如同它在面對我傲慢的計畫時主張它自身頑固的物質邏輯一般。在所有這些方式裡，身體揭露了自身的死亡性——因為沒有任何東西會比死亡還要令我們既感到熟悉，又感到陌生。我的死亡是「我的」死亡，死亡早已祕密地潛藏於我的骨頭，在我的身體裡暗自運作著；然而，它又躍過了我的生命，使之熄滅，彷彿它來自另外一個次元。死亡永遠是不合時宜的。

身體的非個人性與愛的匿名性相關。這裡的愛指的是傳統意義上的情誼（agape）或博愛（charity），而不是那種將它窄化為情慾或浪漫變體的貧瘠的愛。我們需要一個介於強烈的「愛」與比較冷淡的「友誼」之間的詞彙，而我們缺少這個詞彙的事實或許正具有一定的意義。愛是不會有差別待遇的。它是無情地抽象的，隨時準備好要去照顧任何老人的需求。在這一點上，它對文化差異是漠不關心的。它對差異漠不關心的意義並不在於它對人們的「特定」需求是盲目的；若是如此，它就會完全無法照顧「他們」。它對於應該要照顧誰的特定需求是漠不關心的。這是它之所以有別於友誼的面向之一，因為友誼完全是關於殊異性的。朋友是無可替代的，但我們必須愛的人則否。在具有單邊性與無條件的性質上，愛也是漠不關心的。它並不在可以獲取什麼的假設下進行付出。在它不試圖以眼還眼、以牙還牙的意義上，它也是無反應的。這是愛之所以難以與犬儒區隔的原因之一，因為犬儒與它所認為的人類價值鬧劇是如此疏離，所以它覺得報復毫無意義。

上述這些都是何以愛的範式並不是對朋友的愛（還有什麼會比對朋友的愛更加苛求？），而是對陌生人的愛。如果愛並不僅僅只是一種想像的事件、一種自我的相互鏡映，那麼，它就得要照顧極為陌生的他者。在這裡，陌生的意義是令人恐懼與頑固的。這是關於愛他者身上的「非人類」的部分，而這種「非人類」的部分也同樣存在於我們自己的核心之中。如果愛自己的意義並不僅僅只是自負，那麼，我們也必須愛自己的骯髒與頑固。這是為什麼要「愛他人如愛自己般」並不像聽來這麼簡單的原因。的確，這兩種行為也許都超出我們的能力所及。然而，只有這樣的行為才能彌補欲望帶來的破壞；欲望一樣是非個人的，它像怪物一般出現在自我的中心。欲望是非關個人的。只有一種相應的非個人力量才有辦法化解欲望所帶來的驚人損害。

亞里斯多德所提出的具有德行的人是極為自我中心的。他過著良善的生活，並把友誼當成是良善生活的一部分，但他真正重視的，是沉思的生活。亞里斯多德所未能完全理解的，乃是德行是一種相互的事情。當然，他認為德行只有在政治社會中才能達成；然而，他卻沒有真正地認知到德行是發生在人與人之間的事情——德行是一種人際關係的產物。十分令人驚訝地，他所謂的「擁有偉大靈魂的人」（great-souled man）是自足的。對於具有德行的人，友誼是重要的，但在這種友誼裡，相互欣賞的成分遠高過真誠的愛。如同麥金泰爾所言：「相對於人的良善、快樂或有用，人的愛在亞里斯多德的思想裡是不存在的。」[12]

12 Alasdair MacIntyre, *A Short History of Ethics*, London, 1968, p. 80.

與自足對反的，是依賴。如同我們稍後將會介紹的其他重要概念，「依賴」這個概念游移在物質與道德之間。由於我們所處的無助狀態，我們必須依賴他人才能延續我們肉體存在的事實乃是一種物質的事實。然而，這種物質上的依賴性卻永遠無法與諸如關懷、無私、注意與保護的道德能力相分離，因為我們所依賴的，正是看護我們的他人身上的這些道德能力。依據佛洛伊德的看法，這種物質上的依賴性也無法與依賴者身上所出現之感激的道德情感相分離。相對於成為人類這種動物，我們若無法與我們所依賴的人們分享情感與溝通的生活，我們就無法成為「人」。在這樣的意義上，道德與物質是一體兩面的。

麥金泰爾表示，亞里斯多德式的人對愛是完全陌生的。然而，愛卻是正義社會的模型，即使愛這個字眼最近在使用於人際關係之外時已經變得有點可笑。愛意謂著為他人創造他可以充分發展自身的空間，同時他也為你創造出你可以充分發展自身的空間。換言之，愛是發現自己的幸福乃是他人幸福的理由。這並不像是你們因為有相同的目標，所以一起騎上一台摩托車往目的地奔馳前進，而是如同我們之前已經提及的，你們互相在對方的踐履中達成踐履。自由主義模式的社會希望個體可以在他們各自的空間中充分發展自身，而不要彼此干擾。因此，這樣的政治空間是一種中立的空間：它的目的是要隔開每一個人，使得每個人的自我實現不會妨礙到他人的自我實現。[13]

這是一種值得讚賞的理念，而孕育出這種理念的政治傳統在許多方面也是非常令人敬佩的。它所珍視的「消極」自由在任何一種正義社會裡都具有非常重要的地位。不過，愛所涉及的空間卻是比較積極的。這種空間是由關係的行動本身所創造的，而不是打從一開始就被給定的，好像等候室裡的座位一樣。這種積極的自由使得一個人可以盡其所能地發揮，無須懷有不必要的恐懼。因此，這種自由是人類可以充分發展天性的重要前提。你可以自由地實現你的天性，不過，這裡的天性並不是一種虛假的自然主義意義下的天性，也就是說，不僅僅只是表達出你所感受到的衝動而已。在這種虛假的自然主義意義下，刑求與謀殺仍然會發生。事實上，你是以一種同樣允許他人實現天性的方式來實現自己的天性。而這意謂著你盡其所能地實現自己的天性；因為他人的自我實現是你藉以發展天性的媒介，所以你並不享有暴力、宰制或自私的自由。

如同我們已了解的，這種狀況在政治上即是社會主義。如果我們把亞里斯多德的發展天性倫理學放在一個比較具有互動性的脈絡裡，我們便可以得出諸如馬克思般的政治倫理學。

13 這種政治空間觀的當代版本可見諸哈伯瑪斯的作品。在哈伯瑪斯的公領域裡，每個人都可以自由地表達自己；然而，社會互動本身如何成為個體自我表達的最重要媒介的方式卻很少被論及。用一種不同的理論用語來講，就是在這樣的公領域裡，相對於以應有的專注來傾聽他人所要說的話，似乎沒有人被他者視為主體。

社會主義的社會是一個每個人都能透過他人的自我實現而達至自己的自由與自主性的社會。社會主義只是任何一組使得這樣的社會能夠出現的制度而已。藉此，我們也可以明白何以平等是社會主義思想的一個主要概念。因為除非社會裡的每個人先享有平等的地位，否則這種相互的自我實現過程便無法真正地出現。嚴格說來，對愛而言，平等未必是必要的。舉例言之，你可以愛你的小孩，或是你的天竺鼠，有些人甚至愛他們的臥室拖鞋。然而，對亞里斯多德所謂的友誼（philia）而言，平等卻是必要的；而作為一個政治詞彙，友誼或許比愛更為恰當。在不具有平等地位的人之間，是不會有完整的友誼的。在居上位者面前，我們可能會覺得受到壓迫，從而無法充分和自由地表達自己，而居上位者則可能會受限於保有自身權威的需要。只有平等的關係才能創造出個體的自主性。這並不是說先有兩個自主的個體，然後他們才建立一種平等的關係。事實上，是平等使得他們具有自主性。友誼讓你可以自由地成為自己。

在馬克思早期的巴黎手稿（Paris Manuscripts）裡，他探求一種從人類身體的實然轉向應然的方法。他想尋找出一種奠基於我們的類存有或共通物質天性的倫理學與政治學。不過，這是一種非常冒險的作法。大體上，哲學家都禁止這類試圖從事實推衍出價值的嘗試。對狀況的直截描述並不會告訴你應該對它怎麼辦。人類的天性可以用各種紛歧的方式加以描述，從而也有各種彼此相互競爭的人性觀支持著各種紛歧的倫理學理論。「天性」是個曖昧的概念，游移在事實（某件事物的實然）與價值（某件事物的應然）之間。它和「文化」這個某些人認為與之相對的概念有相同的模糊性。事實上，我們有成堆的詞彙連結身體的狀態與道德的狀態：同類／體貼、柔軟／溫柔、無感覺／無情、感動／心動、神經過敏／暴躁、厚顏／無恥、不敏感／遲鈍等等。這種語言似乎暗示著身體的實然與我們舉止的應然或不應然之間有一種聯繫。然而，這種聯繫卻是充滿問題的。身為屬於相同物種的「同類」往往已是使我們殺人或被殺、宰制他人或被宰制的足夠理由。如果我們不是「同類」，或許我們還會受到比較好的對待。沒有人會對宰制甲蟲有任何特別興趣。

或者以人類社會性（human sociality）的概念為例。這個概念同樣游移在事實與價值之間。事實是我們是一種天生的政治動物，只有在社會裡才能覺得自在。除非我們彼此合作，否則我們便無法存活。然而，社會性也可以意指一種積極、正面的合作形式，某種可欲而非僅僅屬於生物必然的事物。馬克思有時似乎認為社會性永遠具有這樣的積極意義。不過，法西斯社會也同樣是一個合作的社會。死亡集中營也是一個複雜的合作計畫。世界銀行（World Bank）的成員之間也有強烈的連帶關係。人類的合作本身並不具有德行。它是否具有德行，有賴於哪些人為了何種目的而進行合作。馬克思明白某些人如何可以劫持他人的社會能力以供自己的自私目的之用。事實上，對他而言，這樣一種社會便是階級社會。在階級社會裡，即使是那些屬於我們這種物種的力量與能力（例如勞動或溝通）都被貶抑為達成目的的手段。它們淪為成就他人利益的工具。性生活也是一樣。在父權社會裡，原本作為連結媒介的性行為淪為權力、宰制與自私滿足的工具。

不過，如果你不為任何特定目的進行合作，情形又會如何？當然，你必須要一起工作才能在經濟上存活。如果物種要能繁衍下去，性行為也是必要的。一般而言，合作都具有某種實際的目標。不過，如果合作本身可以同時作為一種目的的話，情況又當如何？如果生活的共享成為其自身的目的，就像我們稱之為藝術的活動一樣呢？你並不需要為人類何以會生活在一起而且喜歡彼此作伴的問題找出答案；至少在某些情形下是如此。這是人類的天性。這是他們作為一種動物的事實。然而，當它成為一種「完全的」事實時（也就是說，當它因其自身而成為一種活動，而不再僅僅只是達成自身以外之目的的手段），它也會成為一種價值的來源。社會主義的社會會為了某些物質的目的而進行合作，就像任何其他社會一樣；然而，它同時也認為人類的連結本身便是一種值得追求的目的。因此，社會主義社會超越了大多數當代文化理論的理解，因為對文化理論而言，連結並不是一種價值與踐履的源頭，而是意謂著不情願的共識或悲慘的從眾。

第七章

革命、基礎與基要主義

Revolution, Foundations and Fundamentalists

前文已提及，對某些文化思想家而言，倫理學應當從平凡無奇的生物學領域提升至某種比較難解與神祕的領域。依據這樣的觀點，唯物的倫理學並不真的存在。不過，在某種意義上，德希達、里歐塔、亞倫．巴迪烏（Alain Badiou）等學者仍然是正確的。倫理學的確是關於重大的、改變生命的遭遇以及日常生活的。它是關於光輝的雲彩「以及」餵養飢餓者。只不過這些思想家大體上偏好莊嚴的事物，而不是塵世的事物。然而，這兩種面向是並行不悖的，因為必須要進行重大的轉變，才能夠創造出一個可以餵養飢餓者的世界。如同阿多諾所言：「溫柔只存在於最粗鄙的需求中：沒有人必須再挨餓。」[1]

以諸如以賽亞書（Book of Isaiah）的革命性作品為例。寫下這部作品的詩人以猶太上帝雅威（Yahweh）典型的反宗教暴怒開始。雅威告訴他的子民他已經受夠了他們的莊嚴集會與獻祭奉獻（「香品是我所憎惡的」），建議他們應該要「尋求公平、解救受欺壓的、給孤兒伸冤、為寡婦辨屈」。這是標準的舊約內容。雅威永遠得要提醒他病態地喜好崇拜的子民，救贖是一種政治事務，而不是宗教事務。而他本身是一種非神祇，一種「尚未」的神祇，代表一種尚未到來的社會正義，而且，他的名字是不能被稱呼的，這樣才能確保這些具有偶像崇

---

1 Theodor Adorno, *Minima Moralia*, Londcn, 1974, p. 156.

拜強迫症的追隨者不會把他轉化成另一種物神。他不會受到現狀的實際需求與利益的束縛。所以他告知他的子民，他將會在作客旅的得留住、飢餓的得飽美食、富足的空手回去時為他們所知。

在公元一世紀政治擾攘的巴勒斯坦，諸如此類的言語成為某些地下革命份子口中固定的吟唱，而當馬利亞（Mary）了解自己將懷有耶穌時，路加（Luke）也把這樣的話語告訴馬利亞。至於一般的子民，他們寧可在組織化的宗教裡尋求慰藉，而不願從事餵養飢餓者的事情。這是他們之所以受到諸如以賽亞的先知譴責的原因。先知的角色不在於預知未來，而是在於警告人們若繼續進行他們現在的作為，他們的未來將會無比慘澹。

對於所謂的舊約，非神祇的雅威與「非存有」（non-being）的窮人是緊密相繫的。事實上，舊約是第一份做出這種聯繫的歷史文件。在一種革命性的逆轉裡，真正的權力來自無權力者。如同聖保羅（St Paul）在歌林多書（Corinthians）中所寫的：「神卻揀選了世上軟弱的、叫那強壯的羞愧……以及那無有的、為要廢掉那有的。」整個猶太—基督教思想便是依據這種反諷、弔詭、顛倒的模式建立的。在舊約裡，飽受大地之不仁的人們被稱為窮苦人（anawim），這些人的悲慘處境具體表現出政治秩序的失敗。未來唯一有效的景象便是當下的失敗。身為雅威所偏好的子民，窮苦人與當下的建制沒有任何關係，而在他們所處的貧困狀態中，未來也與當下的建制沒有任何關係。無依無靠的人們是真理活生生的標記，唯一能夠長久的權力是奠基於對失敗的認知。任何未能認知到這種事實的權力都會在不同的意義上被削弱，提心吊膽地防範自身傲慢下的受害者以捍衛自己。與弱者的自白相比，權力的運作不過是小孩的遊戲。權力可以摧毀所有城市，不過，這並沒有什麼了不起。相較之下，摧毀所有城市是一件簡單的事。

新約的作者認為耶穌也是一個窮苦人。正因為他與當下的建制毫無瓜葛，所以他是危險的。那些疾聲要求正義的人，會被國家處死。社會會向弱者施展可怕的報復。唯一良善的上帝，是一個已經死亡的上帝，一個在地球某個昏暗角落裡的失敗政治犯。若不信仰失敗，便沒有成功可言。正是這種信仰被用以證成帝國主義的投機、對女性的壓抑、對不信仰者的酷刑、對猶太人的怒罵、對兒童的虐待以及對進行墮胎手術醫生的謀殺。作為一種組織化的暴力形式，這種信仰已經成為富有者、掌權者與愛國者的徽章。它是美國福音教派人士令人作嘔的口號、沾滿羔羊鮮血的窮兵黷武者充滿喜悅的吶喊、郊區詐欺犯與家暴者的尊嚴。它是呆滯、乏味、愉快與鼓譟的。它不想與失敗有任何瓜葛，所以在街上射殺窮苦人。它是軍工複合體的商標、支撐著美國之鷹的十字、灑在人類剝削之上的聖水。

與此同時，今日大多數無神論都只是倒反的宗教而已。無神論者會先提出一種任何神智清楚的人都不會加以支持的宗教觀，接著再理直氣壯地拒絕宗教。他們所接受的粗糙刻板印象是任何學術探究都不會接受的。他們就像那些認為女性主義意謂著陽具欽羨或社會主義意謂著勞改營的人。在這個面向上，一個像理查・道金斯（Richard Dawkins）的典型無神論者僅僅是佩斯里的鏡像。兩者都認為雅威是（用威廉・布雷克〔William Blake〕的話）「無人之父」（Nobodaddy），而無人之父在舊約裡即是上帝的撒旦形象。這種上帝的形象便是那些想要一個威權主義的超我或天體製造者所用來崇拜或反抗的。

這樣的上帝也是一個懂得魔法的企業家，他懂得利用最經濟的方法從虛無製造出整個宇宙。如同一個神經質的搖滾明星，他會為了飲食的問題大驚小怪；如同一個暴躁的獨裁者，他不斷地要求人們撫平他的怒氣、用甜言蜜語哄他。他像是黑手黨老大與大小姐的混合，當一切都已說盡、做盡之後，只有說他是「上帝」才能讓他開心。唯一的差別僅在於無神論者拒絕這樣的上帝，而福音教派人士接受這樣的上帝。除此之外，他們都是一樣的。真正的挑戰，是建構出一種真正「值得」加以拒絕的宗教觀。而這必須要從反駁對手的最佳論證開始，而不是從他的最差論證下手。

這對猶太—基督教與伊斯蘭教都是同樣適用的。在一開始，伊斯蘭教是一種對麥加（Mecca）所出現的不義與不平等的基進批判；在當時極度商業化的麥加，獲利的動機取代了照顧社群弱勢成員的古老、平等主義式的部落價值。可蘭經（Quaran）的意思是「朗讀」（recital），這指出穆罕默德（Muhammad）的早期追隨者大多屬於文盲。「伊斯蘭」（Islam）的意義是臣服（surrender），這表示對阿拉的完全獻身，而阿拉的教義是關於慈悲、平等、同情與支持窮人的。藉由諸如伏身的姿勢，穆斯林的身體接受了再教育，藉以擺脫麥加社會裡日益增長的傲慢與自滿。如同基督教徒在受難節（Lent）所進行的齋戒，穆斯林也必須在齋月（Ramadan）進行齋戒，藉以提醒自己窮人所遭受的剝奪。伊斯蘭信仰的核心是非暴力、社群與社會正義，而且尤其反對神學玄思。和基督教相同，在伊斯蘭教裡，神聖與世俗、崇高與塵世的區別都被消融。為強調所有信徒的平等，伊斯蘭教不允許如基督教般的神職階級存在。這種令人讚賞的信條在如今變成了因石油而富有的獨裁君主、對婦女處擊石死刑者、法西斯心態的伊斯蘭教教徒以及凶殘的盲信者的教條。

在後革命的時代，以賽亞書具有強大的力量。它之所以會被人放在旅館房間的唯一理由，是因為根本沒有人讀過裡面的內容。如果這些把以賽亞書放在旅館房間的人們曉得裡面在講些什麼，他們可能就會像處理色情書刊一般當場把它焚燬。人類對革命的看法可以分為兩派，一派認為在日益增進的富饒汪洋裡有些許悲慘存在，另一派則認為在日益增多的悲慘汪洋裡有些許富饒存在。一派會同意叔本華（Schopenhauer）的看法，認為歷史裡存在著許多如果未曾來到這個世界可能還會好過一些的人，另一派則認為這是左派誇張而令人毛骨悚然的看法。到了最後，或許這樣的劃分才是真正有意義的政治劃分。這兩者間的對立要遠比猶太人與穆斯林、基督徒與無神論者、男性與女性，或甚至是自由主義者與社群主義者（communitarian）間的對立要來得更為根本。這樣的衝突需要對立的雙方動用極為費力的想像才能了解對方為何如此主張。這種衝突並不像一般的意見分歧。你可以對「綠花椰菜很可口」或是「歐洲最有活力的城鎮是多琴（Dorking）」的看法抱持不同的意見，但同時卻又能很輕易地想像其他人為何如此認為的原因。

基進份子並不是因為拒絕進步的理論，所以才拒絕富饒汪洋的理論。只有保守主義者和後現代主義者才會這樣。在某些後現代的圈子裡，提到「進步」這個字眼，就會遭到通常只有那些認為貓王的臉一直持續出現在巧克力餅乾上的人才會招致的嘲笑。不過，這些懷疑進步的人通常並不會在牙醫使用麻醉劑時別開他們的鼻子，或是在水龍頭流出乾淨的水時大表憤慨。大霹靂（Big Bang）的保守主義者通常相信所有事情在黃金時代之後便江河日下，而穩恆狀態論（Steady State）的保守主義者則認為就算是黃金時代也從來沒有像人們所認為的那麼完美。對後者而言，蛇老早就已經蜷伏在伊甸園裡。一個人是否可以永無止境地墮落？這在邏輯上是很令人懷疑的，不過某些保守主義者並不認為這是一項問題。有些保守主義者似乎主張所有歷史時期都是一樣敗壞，而過去永遠優於當下。T. S.艾略特的《荒原》便可以同時使用這兩種方法來詮釋。

後現代主義者拒絕進步的概念，是因為他們討厭巨型論述。他們假定對進步的信念必然會涉及一種他們很自然地就會駁斥為幻象的進步史觀，亦即歷史大體上是打從一開始便穩健地不斷進步的。如果他們不要那麼在意巨型論述，他們可能會透過自己的方法，對進步採取一種比較務實的觀點，從而得出正確但無聊的結論：人類歷史在某些方面出現了改善，在某些方面則出現了惡化。馬克思主義試著使這樣的陳腔濫調聽來不要那麼乏味，所以就用比較具有想像力的方式指出，進步與惡化是相同的人類歷史緊密相繫的兩面。從而使解放成為可能的條件同樣也使得宰制成為可能。

這就是所謂的辯證思考。現代歷史是一個關於物質福祉、自由價值、公民權利、民主政治與社會正義的啟蒙故事，但它同時也是一場殘忍的惡夢。這兩者絕非毫無關連。窮人的處境之所以令人無法容忍的部分原因，在於將之抒解所需的資源是足夠的。饑荒之所以可怕的部分原因，在於它是不必要的。由於地球悲慘的狀態，社會變革是必要的；由於物質的進步，社會變革同時也是可能的。然而，在進步的問題上，自豪於自身多元論的後現代主義者卻寧可採取單面思考。

在某種意義上，對革命的需求僅僅只是一種現實的觀點。在了解地球的現狀後，任何開化、稍具理性的觀察者都會認為若非經過一番徹底的轉變，否則一切都無法獲得真正的改善。因此，純情的夢想家是不講感情的務實主義者，而不是狂亂的左派。他們只是對現狀感到感傷的人。不過，談論徹底的轉變並沒有指出轉變應該要採取哪種形式。革命的特徵在於它們有多麼深刻，而不在於有多麼快速、血腥或突然。有些漸進式的改革會比武裝暴動涉及更多暴力。塑造我們的革命花了好幾個世紀的時間才趨於完備。它們並不是以烏托邦未來的名義來進行，它們的出發點是當下的缺陷。

如同班雅明所言，驅使人們革命的，並不是獲得解放之後代子孫的夢想，而是受到奴役之祖先的記憶。簡而言之，這是一種廣為人知的懷疑的基進版本：後代曾經為我們做過什麼嗎？沒有人會因為某些有趣的理論實驗而忍受基進變革的混亂。如同種族隔離或共產主義的崩潰，這樣的改變只有在它們成為必須時才會出現。只有在替代當下體制的可行方案不會比當下體制本身更可怕的時候，人們才有可能做出明顯合理的決定，不再繼續他們目前的作法。

如同臉上長滿青春痘、體重過重或極為害羞的人，基進份子會寧可自己不是這個樣子。他們覺得自己是因為人類目前的狀況而被迫懷有難堪而荒誕的意見，而且還祕密地希望自己是正常人。或者，更正確言之，他們期待著一種無須再承擔這些麻煩信念的未來，因為這些信念將會在未來獲得落實，從而使得他們能夠自由地加入其他人類的行列。長期與他人處於不一致的狀態並不是件愉快的事；因為相信人類存在的社會性而被迫離群索居也是件弔詭的事。對生命的啦啦隊而言，這似乎是一種不當的苦行生活。他們並不認為這種苦行生活（如果這真的算得上是一種苦行生活的話）是能夠取代每個人所應當享有的更為豐富的生活。不過，基進份子其實只是了解葉慈所言之意義的人，即「未曾被撕裂的事物，是不可能完整的」。事情之所以如此，並不是他們的錯；他們也寧可事情不會是這個樣子。

讓我們藉由莎士比亞的《李爾王》，再來探討一下唯物主義道德的概念。一開始，李爾王代表著絕對主權的誇大妄想，幻想自己之所以全能的部分原因是因為缺乏血肉之軀。藉由殘忍地拋棄自己血肉之軀的骨肉，女兒考蒂利亞（Cordelia），李爾王表達出位於權力最為物質之核心的非具形幻想。在這時，李爾王相信自己是一切；然而，由於一種認為自己是一切的身分並沒有任何可以與之比較的事物，所以這一切其實只是空虛。同樣地，一個具有全球性主權的國家，很快就會忘記自己是誰（如果它真的曾經曉得自己是誰），因為它已經消除了對自我理解至關重要的他者性。

隨著劇情的進展，李爾王明白作為一個謙遜、有限的「某物」要遠比作為一個空虛、全面的「所有」來得好。李爾王之所以明白這一點，並不是因為身邊的人如此告訴他，這些人多半太過怯懦或太過精明而不敢回答困擾著李爾王的問題：「誰能告訴我我是誰？」而是因為李爾王被迫面對自然的頑抗，自然毫不留情地提醒他，所有的絕對權力都容易忘卻的事實，亦即他是個血肉之軀。自然使李爾王感到惶恐，並在最終迫使他接受自身的有限性，而這種有限性同時也包含了身為人類會對他者所產生的憐憫。就算這並沒有將李爾王從毀滅中拯救出來，也至少把他從幻想中拯救出來。

這齣戲以一場關於「空無」的著名對話開始：

李爾王：……妳有什麼說的，可以贏得比妳姊姊的更為豐美的一塊？妳說。

考蒂利亞：沒有什麼說的，陛下。

李爾王：沒有什麼！

考蒂利亞：沒有什麼。

李爾王：妳不說我便不給。再說說看。

（第一幕，第一景）

儘管李爾王如此激動，空無（或幾乎空無）還是帶來了某種東西。[2]只有當這位偏執的君王接受他必然將會死亡的事實時，他才能夠踏上獲得救贖的道路。正是在此時，撒謊的諂媚者才不再受到信任：

我說什麼，他們便跟著唯唯否否！這種唯唯否否不是充分的信仰。雨把我打濕了的時候，風吹得我發抖的時候，雷聲不受命停止的時候，我看穿他們了，我嗅出他們來了。去罷，他們不是信實的人：他們說我是萬能的；那是謊，我不是能不染瘧的。

（第四幕，第六景）

暴風雨揭露了李爾王的人類性質，毀滅了他的狂妄幻想。他終於發現了自己的肉體，以及自己的脆弱與有限性。當格勞斯特（Gloucester）眼睛瞎了，得「用鼻子嗅著到多汶去」的時候，他也像李爾王一樣發現了這些事情。如同他所說的，他必須學著「深切的摸著看見」；他必須讓自己的理性在具有感受力、會感到痛苦的身體的範圍之內運作。因為我們一

2　譯注：「妳不說我便不給」的原文可直譯為「空無只會帶來空無」。

旦擺脫了身體，我們也同樣會失去了神智。

李爾王新發現的感覺唯物論是與窮人相繫的政治連帶的形式：

> 赤貧的人們，不管你們是在哪裡，你們忍受著風吹雨打，你們的光著的腦袋，沒填飽的肚皮，襤褸洞穿的衣服，如何能夠在這樣天氣中保護你們呢？啊！我是太不留意民間疾苦了。豪華的人，吃點藥罷；你來嘗受貧民所嘗受的，你就會把你的過度的供養分給他們一些，表示上天是公道的。
>
> （第三幕，第四景）

就算權力擁有身體，它也會被迫放棄這個身體。正是因為權力不具有身體，所以它才未能注意到它所施加的痛苦。使權力麻木的，是過剩的物質財產。儘管權力沒有自己的身體，它仍然具有某種代替的肉體，一層如同脂肪般厚厚地將它包裹住的物質財產，從而使得權力缺乏憐憫的能力：

> 那些太富足的縱欲享樂的人，玩視天降的禍福，本身沒嘗受到苦難便不知人世艱辛，快

讓他們領略你的威權罷；分配平均便可打破過度的財富，每人都可足給了。

（第四幕，第一景）

如果我們同情他人的能力沒有如此貧乏的話，我們便會有感於他人的貧困，從而與他們分享令我們無法感受他們悲慘的財貨。於是，問題成為解決之道。身體的新生與財富的基進重分配是密切相繫的。為了正確地了解事物，我們必須感受；而為了要感受，我們必須拋棄那些使得我們身體麻木的過多財產。富有者因為有過多的財產，所以無法與他人產生伙伴的情誼；而太少的財產，則使得貧困者的身體感到痛苦。富有者若欲彌補自身感受能力的貧乏，便應當去感受他人的窮困。這麼做的結果，將不僅只是心態上的轉變，而將會是基進的社會變革。在莎士比亞的想像中，共產主義與形體存在性是密切結合的。

富有者的問題，是財產緊緊地把你綁在當下，直到你死亡，它都會像厚繭般包裹著你。富有者應當要過比較不確定的生活，而貧困者則應當過比較有保障的生活。理想的綜合將會是過擁有足夠財產的生活，卻又隨時準備好要放棄這些財產。這是相當難以達到的目標；然而，這樣的犧牲卻是每個人到最後都會被迫辦到的，亦即在我們死亡之時。在當下做好放棄一切的準備，將會使得死亡在出現之時變得不那麼恐怖。如果我們已經習於過欠缺的生活，拒絕用偶像與物神來填滿我們的欲望，那麼，我們便在生命之中預演了死亡，從而令死亡變得不那麼令人恐懼。生命之中的自我給予即是一種為最終死亡的自我拋棄的預演。這也正是富有者難以辦到的。問題在於，只要存在著富有者，貧困者便無法過富足的生活，只要存在著貧困者，富有者便無法過不確定的生活。他們得要隨時小心提防。

財產會讓你無法擁有一個真實的未來。它會確保未來將永遠只是當下的無止盡反覆。富有者的未來將永遠只會如同當下，或者是比當下還當下。人們最深刻的期望是任何重大的事情都不會發生。當富有者被問到他們最擔心什麼的時候，他們會用一位英國前首相的話來回答：「事件，老天，是事件。」大多數人類災禍的根源是恐懼，而不是仇恨，就算是仇恨的根源也不例外。富有者的生活需要更多的不穩定性，而窮困者的生活則需要更多的穩定性。富有者因為擁有過多的當下，所以他們沒有未來；而窮困者則因為擁有太少的當下，所以他們沒有未來。因此，雙方都未能做出令人滿意的生命敘事。

西方世界，尤其是美國，大體上並沒有學到李爾王的教訓。美國是個認為失敗是很可恥、令人懊惱或甚至是一種徹底罪惡的國家。美國文化的特色在於它的樂天，它的強韌生命力，它對於屈服、逃避或說出「辦不到」的拒絕。美國是個急切地說「是」和狂熱地說「辦得到」的國家，與之相較，英國則是由職業發牢騷者、嘲笑者、長期忍受痛苦的禁欲者所組成的國家。除了心理分析師外，沒有人會像美國人一樣那麼常使用「夢」這個字眼。美國文化對侷限的概念是充滿敵意的，從而也對人類生物學充滿敵意。後現代主義則是對身體深深著迷，而對生物學深感恐懼。在美國的文化研究裡，身體是一個非常受到歡迎的主題；不過，這裡的身體指的是具有可塑性、可以重新改造、由社會所建構的身體，而不是一種會生病與死亡的物質。由於死亡是我們最終必然面對的絕對失敗，因此它在美國向來不是最受歡迎的討論主題。在美國發行英國電影《妳是我今生的新娘》（*Four Weddings and a Funeral*，原意即「四場婚禮與一場葬禮」）的公司便努力想把片名換掉，雖然沒有成功。

在這樣的文化裡，真正的悲劇並不會出現，儘管可怕的事件每隔一陣子就會發生。美國是一個深反悲劇的社會，然而，它現在卻很可能得要面對它歷史上最可怕的一段時期。悲劇，如同喜劇，有賴於對人類生命缺憾本質的認知；在悲劇裡，一個人得要歷經一切艱辛才能獲致這樣的認知，因為人類的自我幻想是如此地頑強與執拗。喜劇卻從一開始便擁抱人類生命的艱辛與不完美，從來不對不可能實現的理想抱持任何幻想。喜劇反抗理想這種華而不實的荒唐，專心致力於挖掘日常生活中卑微的、頑固的、無可改變的成分。由於沒有任何一個人是獨一無二地可貴，所以任何人都不會犯下什麼悲劇性的失敗。

與之相反，悲劇的主角通常得等到被綁在火輪上時，才能真正地了解到缺憾乃是事物本質的一部分，而艱辛與不完美正是使得人類生活得以運作的原因。作為一種形式，悲劇仍然受制於殘忍而不寬容的超我；受制於殘酷而苛求的理想，這些理想粗暴地懲罰我們，提醒我們未能達成理想的失敗。在此同時，不同於喜劇，悲劇並不認為所有理想都是虛偽的。如果說悲劇可能太過重視這些崇高的理想，那麼喜劇則可能是對這些理想抱持一種太過民粹的犬儒觀。悲劇是關於從失敗中奪取勝利的，而喜劇關心的則是失敗本身的勝利，因為分享與接納對於我們缺點的諷刺會使我們比較不容易被傷害。

在悲劇裡，很重要的一件事實是，我們並不是自己命運的完全主宰。而美國文化難以接受的也正是這一點，因為在美國文化裡，「我做出我自己的選擇」是一句常常出現的話，而「那不是我的錯」則是一句不能被接受的話。正是這樣的想法使得許多人喪命。在疲憊、深受死亡折磨的歐洲，很難忽略歷史瓦礫的重大影響，在這樣的歷史瓦礫中埋藏著自我，也限制了自我可以成為自己選擇的自由。因此，歐洲盛行的是犬儒主義，而不是剛毅的理想主義。如果說美國是個意志力（will-power）的國度，歐洲則是尼采權力意志（will to power）的家園，在某些面向上，兩者幾乎是完全對反的。

在美國，意志是真正不朽與拒絕投降而死的。如同欲望，意志總是源源不絕。不過，欲望是難以宰制的，而意志卻是宰制本身。意志是一股頑強的驅力，它不知道什麼是退縮或抑制、什麼是反諷或缺乏自信。意志是如此貪婪，以致於它可能會在崇高的憤怒中將世界化為碎片，狼吞虎嚥地將世界塞入它無法滿足的胃裡。在表面上，意志喜愛它所看到的一切，但在背地裡，它喜愛的其實是自己。因此，意志通常會以軍事的形式作為表現是不足為奇的，因為潛藏在它背後的，乃是死亡的驅力。在它飽滿的活力背後，隱藏著一種對死亡的驚慌否認。它所具有的，是自滿的傲慢。

毀滅性的意志可以在美國唯意志論（voluntaristic）的陳腔濫調裡發現其對應之物：「唯一的限制是天空」、「絕不說絕不」、「如果你對自己有信心，你就能成功」。如果殘障者不能走路，他們至少可以改稱自己為「面對挑戰的人」。如同所有被鬆散地適用在真實世界的意識形態（「生命是神聖的」、「所有人類都是特殊的」、「生命中最美好的事物是免費的」），這些一本正經的名言佳句同時被相信與質疑。如同佛洛伊德的無意識，意識形態也是一個禁止矛盾的律法尚未觸及的領域。只要狂熱的積極意志仍然存在，最終性就不會出現，從而也不會出現悲劇。對意志的崇拜屬於一種尚未成熟的、媚俗的樂觀主義，它的心中滿是純真的願景以及悠揚的小提琴樂音。

在這種無情的樂天氛圍下，消極的態度成為一種思想犯罪，諷刺則成為一種政治背叛的形式。每個人都必須覺得自己很好，但問題在於其中某些人其實是罪大惡極的。基督教福音教派人士在瘋狂的獰笑中公開表示他們對耶穌（一個早期巴勒斯坦的失敗死刑囚）的信仰，即使是在因詐欺或戀童癖而被捕入獄時也不例外。在對限制的不敬否認、頑固的開朗與瘋狂的理想主義中，這種無限的意志代表了那種會讓古希臘人顫慄而且惶恐地望著天空的傲慢；的確，這些擁護意志的人們最近也開始惶恐地望著天空，尋找天譴的可能徵兆。

支持美國霸權的人並不需要回應這類批評。他們只需要把這些批評貼上「反美」的標籤就好了。這是一種了不起的方便策略。所有對美國的批判都源自對《芝麻街》（*Sesame Street*）與培根漢堡的變態反感。它們所呈現的，是比較不幸的文明內心隱藏的嫉妒，而不是理性的批判。既然如此，這樣的策略應該也可以適用在美國以外的脈絡。所有針對北韓政府迫害人權的批判，都僅僅只是反韓這種疾病的徵候。那些對隨意處決人民的中國獨裁政府大表憤慨的人，也只是醜陋的歐洲中心主義者而已。

在W. G. 錫巴德（W. G. Sebald）的小說《暈眩》（*Vertigo*）中，有個角色說道：「認為一個人只要稍微轉個舵、單憑意志的力量，就可以影響事情的發展，是一種完全瘋狂的想法。事實上，所有的一切都是由最複雜的相互依賴關係所決定的。」對意志的崇拜否認我們因軀體的存在而產生的依賴性。擁有身體，即是過著依賴的生活。人體並不是自足的：在人體的構造裡，存在著一個深淵，叫作欲望，而這個深淵使得人們對自己感到陌生。正是這樣的欲望，使得我們成為非動物：反覆無常、偏離正軌、無法實現。如果我們活得像野獸，我們的存在就不會如此乖謬。欲望滲入我們的動物本能，使它們出現偏差。然而，也正是因為欲望，我們才能成為歷史的生物，有能力在我們類存有的範圍內改變自己。我們是可以具有自決能力的，只不過這是以更為深刻的依賴作為基礎。這種依賴，是我們自由的條件，而不是對我們自由的侵害。只有那些覺得自己得到支持的人，才會具有足夠的安全感，敢去追求自由。我們的身分與福祉永遠需要他者的守護。

聖奧古斯丁（St Augustine）在《懺悔錄》（*Confessions*）裡頭寫道，「依憑自己的意願行事，便是成為取悅自我意義下的自我，這並不是空無，而是趨近於空無性。」完全獨立地存在，是一種毫不重要的存在。依憑自己意願的人具有同義反覆的空無。他們犯下的錯誤，是以為我們若依循外在於自我的法則行動，便不能算是自我存有的主宰。然而，事實是我們若不依循規則與習慣，我們便無法做出任何有意義的行動。不同於浪漫主義者的想像，這樣的規則並不是個體自由的限制：事實上，它們是個體自由的一項條件。我不能依循原則上只有我能明白的規則來行動，若是如此，不但別人無法理解我在做些什麼，連我自己也是一樣。

無論如何，意志面對一個重大的障礙：它自己。它可以把世界塑造成任何它所喜愛的模樣，然而，若要這麼做，它就得要一絲不苟、毫不妥協，從而使自己被排除在它所喜愛的可塑性之外。而且，這種一絲不苟也意謂著它無法真正享受自己所創造出來的世界。於是，為了使得超越限制的自由能夠滋長，迫使我們超越這些限制的意志必須消失。所需要的是一個永遠可以改變的世界，但這個世界卻不能帶著毫不妥協的意志。如果世界本身要擁有主體性所具有的浮動性質，那麼堅韌的人類主體就必須消失。而這就是後現代主義的文化。隨著後現代主義的出現，意志轉過身來對付自己，對不屈不撓而具有意志的主體實行殖民。它創造出和它周遭的社會一樣善變與普遍的人類。

從後現代主義思想裡出現的人是無中心的、享樂主義的、自我創造的、輕率地具有適應性的。因此，他在迪斯可或超級市場裡表現得極為良好，然而在學校、法庭或教堂裡則不怎麼樣。他聽起來比較像是洛杉磯的媒體經營者，而不會是印尼的漁夫。後現代主義者反對普遍性，而且他們也很有理由如此主張：沒有什麼會比他們所欣賞的那種人類更偏狹。好像為了我們的自由，我們現在必須犧牲自己的身分，從而使得到底是誰在行使這些自由的問題變得無法回答。我們就好像一個因為不斷旅遊而感到暈眩的總經理，再也想不起自己的名字。人類主體終於擺脫了自己的限制。如果所有堅實的事物都必須消融於空氣之中，那麼人類也不能例外。

這也包括認為社會生活具有堅實基礎的想法。維根斯坦寫道，「我們所做的任何事情都不能以絕對與最終的方式加以辯護。」[3]這句陳述可以作為大半現代思想的主旨。在一個無情的基要主義時代，這種關於我們所有概念所具有的暫定性質的意識（這是後結構主義與後現代主義的核心意識）是極為有益的。無論這些理論有哪些盲點與偏見，一旦與基要主義致命的自以為是相比，它們都相形見絀。因此，它們當然可以是基要主義的可貴解毒劑。只不過問題在於某些後現代主義思想所擁護的懷疑論，很難與它必須要在某種「深層」道德或形上層次上與基要主義交手的反感區分開來。事實上，這很簡要地說明了文化理論現在所陷入的兩難。像晚期的維根斯坦一樣，後現代主義厭惡深度。它認為基要主義之所以錯誤的部分原因在於基要主義是在一個普遍性、第一原則、非歷史的層次上提出論證。在這一點上，後現代主義是錯誤的。有問題的並不是基要主義主張其宣稱的層次，而是這些主張本身的性質。

並不是說若我們所說或所做的每件事不能立基於某種不證自明的第一原則，否則它們就會飄浮在空中。如果有人問我，在公共場合，為什麼我堅持在頭上罩著一個牛皮紙袋，我只消說我明白自己的長相便已足夠。我並不需要再繼續表示這是因為我的父母在我小時候說我

3 Ludwig Wittgenstein, *Culture and Value*, Oxford, 1966, p. 16.

長得像迷你版的波里斯・卡洛夫（Boris Karloff）[4]，而且他們之所以這麼說的原因，是因為他們是虐待狂，認為摧毀我的自信是種無上的樂事。

我也不用再繼續解釋為什麼我的父母會變成這個樣子的原因。作為一種解釋，「我明白自己的長相」並非不完整，除非是我要把它往回追溯至某種第一原則，例如「某些人就是虐待狂」。這樣的解釋可以作為一種底線而維持一陣子。如同維根斯坦建議我們的：如果有人問你這個村莊裡最新的房子是哪間，不要回答說因為總是會有人蓋新房子，所以根本不能說有什麼最新的房子。的確，總是會有人蓋房子；然而，至少現在那裡有一間最新的房子。村莊並非不完整。解釋必須在某個地方告終。

當然，這樣的作法有其危險。維根斯坦以單純農夫的比喻說道：「如果我用完了所有的證成，我已經碰到了巖盤，我的鏟子不能再往下挖了。那麼，我想說：『這便是我所做的。』」[5]然而，如果我所做的，是詐取老年人的終身積蓄，又該怎麼辦？當然，維根斯坦所思考的是比這更為基本的事情。他心裡所想的，是允許我們思考我們是在思考什麼與允許

4 譯注：西元一八八七—一九六九年，英國演員，以演出《科學怪人》（*Frankenstein*）聞名。

5 Ludwig Wittgenstein, *Philosophical Investigations*, Oxford, 1963, p. 85.

我們從事我們所從事的事情的文化形式。當我們試著找出令我們得以成為人類的生活形式時，我們的鏟子不能再往下挖，碰到了堅硬的岩石。但我們還是有可能覺得這樣的想法太過自滿。許多構成我們之所以成為我們的事物，並沒有深刻到成為我們連加以客觀化都不可能的習慣。維根斯坦的看法很有可能是太過人類學了。

有什麼事情是「真的」可以一路往下挖掘的？對多數的現代理論而言，答案是「文化」。對尼采主義者而言，答案是權力。對某些反理論者而言，答案是信念。我們無法追問我們的信念來自何處，因為這個問題的答案本身必然是以那些信念的語言進行表述。之前我們已經提供一個可能的答案，就是人類天性或類存有；儘管這個答案近來不太受到歡迎。天性並不是一個隨隨便便就可以拋諸腦後的詞彙。一旦我們告訴來自半人馬星座α星的人類學家，創作音樂與感覺憂傷是我們的天性之後，我們就沒有什麼話可以再告訴她了。如果她接著還是問道，「那到底為什麼呢？」那麼，她根本就沒有了解天性的概念。

至少在論及人類時，這樣的看法可以算得上是一種本質論。正因如此，所以當今的基進思想家對這樣的看法深表懷疑，因為這似乎暗示著人類身上有某些東西是永遠不會改變的。事實上，的確如此。有些東西，例如死亡、無常、語言、社會性、性慾、苦難、生產等等事實，是永遠不會改變的，在這裡，不會改變的意思是它們是人類境況的必然。不過，我們也已經質疑為什麼反本質論者應該像服裝設計師或電視節目表編排者一樣，認為缺乏變化永遠是件壞事。或許有某個怪誕的拘謹清教徒會認為人類最好不要說話，也不要發生性行為，但大多數人都不會相信這一套。正如我們已經了解的，比較聰明的反本質論者會承認這類事情的確是屬於永恆的真實，不過，他們會宣稱這些真實並無法推導出什麼太有意義的事情。真正重要的，乃是文化——這些普遍真理在人類的歷史進程中出現時所實際採取的各種分歧、衝突的形式。

在某種意義上，這種看法是真確的，但在另外一種意義上，這種看法則是荒誕不經的。舉例言之，死亡所採取的各種文化形式怎麼可能會比死亡的實在本身來得更重要？為什麼有些人在埋葬時是採取立姿，而某些人在埋葬時要鳴槍致意的事實，會比我們任何人在百年內都不復存在的驚人事實來得更重要？不會死亡的半人馬星座 α 星人類學家會覺得哪件事情才是比較值得注意的？無論如何，某件事情是自然的，這樣的事實並沒有使它變得比較可以被接受，而這似乎也正是反本質論者感到恐懼的部分原因。死亡是自然的，某些類型的疾病也是自然的，但我們大多寧可它們不會出現。如果黑色大毒蛇的移動速度不會如此之快，那當然會比較好，不過，除非我們能夠在牠們身上掛上重物，否則我們似乎永遠會受到牠們的威脅。無論如何，人類的本質是關於改變。正是因為我們是勞動的、社會的、性慾的、語言的生物，我們才會具有歷史。如果這樣的天性出現基進的變化，我們可能就不再會是文化、歷史的生物。於是，反本質論者將無疑會處於某種兩難裡。

「基礎」的問題在於它底下似乎永遠可能會出現另一個「基礎」。一旦當你界定了基礎，它似乎就失去了它的最終性。如果說世界是以一隻大象作為基礎，而大象則是以一隻烏龜作為基礎，那麼，烏龜又是以什麼作為基礎？你可以像反基礎主義者一樣，宣稱底下一直都是烏龜，從而解決這個問題；但是，底下一直到哪裡？如同布雷斯・巴斯卡（Blaise Pascal）在《沉思錄》（*Pensées*）所言，「……任何人都會明白，那些被認為是終極（的原則）的，並不是獨立的存在，而是有賴於其他原則，而這些原則又會依賴於其他原則，從而沒有任何最終性。」[6] 在杜斯妥也夫斯基（Dostoevsky）的《地下室手記》（*Notes from Underground*）裡，痛苦的主角抱怨道：「每一個第一原因，從它自己身後又對我抽出另一個第一原因，如此反覆至於無窮。」要避免這種無盡的回歸，你需要一個不證自明與自我證成的基礎。你所需要的，是一個自我建立的基礎。在傳統上，哲學家的任務便是要提出作為基礎的各種可能選擇。

6 Blaise Pascal, *Pensées*, London, 1995, p. 62.

要解決這種問題，一種便捷的作法是發明上帝的概念。因為根據定義，上帝是你無法再更進一步挖掘的。如同史賓諾沙（Spinoza）所言，他是個「自我導因的原因」，他的目標、理由與目的完全在於他自身。然而，這注定是一種無法長久的解決之道。上帝並不是一種原則、一種實體、一種可以界定的存有，甚至連艾爾．高爾（Al Gore）都勉強算得上是一個人。上帝與宇宙加起來並不等於二。另外，若上帝果真是世界的基礎，那麼他顯然是在倉促之下創造出一切的，這是一種罪大惡極的過失，需要好好地解釋清楚。為什麼他會為我們創造出霍亂與氯仿，答案並不清楚。他的整個計畫顯然太具野心，需要進行一些基進的修正。上帝的概念很難與幼童因化學武器攻擊而腐蝕的皮膚並存。

無論如何，在上帝明顯的殘忍之外，還有其他使他聲名狼藉的理由。之所以需要基礎，是為了要了解事物何以必然如此的原因；然而，上帝卻不是一個恰當的答案。事實上，在某種意義上，他反而是問題所在。創世的概念意謂著他僅僅是為了創造這個世界而創造世界，我們只需對世界瞧一眼便能證實這一點。其實，他根本不需要這麼做。身為上帝，他沒有必要做任何一件事。創世是全然偶然的；創世也可以完全不發生。這是上帝之所以超越他的世界的原因。上帝不是事物不存在的理由，而是事物存在的理由。不過，這也只是一種說明不存在任何理由的方法。

此外，上帝在創造世界時，犯下了一個重大的謬誤。他創造世界，是為了要使它可以自由，也就是使它具有自主性。世界如果是他的創造物，那麼它就有和他本身一樣的自由，從而是具有自決能力的。而這一點尤其適用在人類身上，因為人類的自由乃是上帝本身自由的一種形象。正是在這樣的意義上，人類的創造是以上帝本身為形象的，不然的話，這會變成一種怪誕的看法，因為上帝並沒有卵巢或腳趾甲。很弔詭地，正是因為人類依賴上帝，所以他們才是自由的。然而，自由是不能再現的。自由是一種難以捉摸、像水銀一樣的東西，會從我們的指間滑落，拒絕被形象化。如果要定義自由，便會毀滅自由。

因此，世界的自由有其基礎，雖然看來好像完全沒有基礎一樣。如果世界的運行是完全依靠自身，那麼，我們為什麼還需要上帝呢？我們可以發展另一種論述來加以取代，承認世界本身的自主性，拋開它缺席的創造者。這便是所謂的科學。上帝自己的創造已經使得上帝成為多餘，已經沒有必要再付上帝薪水了。上帝這種讓世界可以完全自行運作的草率而寬宏大量的決定，使得他最終失業了。就像一個製造出永遠不會毀壞的皮革的發明家，他的產品被一家製鞋公司全部買了下來，並被燒得精光；他的過度聰明反而令自己失去工作。

無論如何，可以作為基礎的選項從來不虞匱乏。天性、理性、歷史、精神、權力、生產、欲望：現代社會見證了所有這些選項的興起，同時也見證了它們大多數的殞落。它們全部都是對人類的不同表述。人類可以作為新的基礎；然而，這也不是一個太令人滿意的答案。首先，認為人類是人類的基礎似乎是一種怪異的循環論證。由於人類是有血有肉而且是可感知的，因此相較於上帝，他似乎更加適合作為基礎。上帝的不可見性始終是把他作為基礎的一項重大缺點，這種特性還使得許多人得出一個並非完全不合理的結論，就是他並不僅只是隱遁起來而已，事實上，他根本就不存在。

再則，人類若要扮演基礎的角色，他的血肉就必須要被剝離。他必須被化約成抽象的人類主體；「主體」這個詞彙意謂著居於深層或是基礎。為了扮演這個高貴的角色，他必須拋棄自己肉體的實在。歷史性的人類由於太具有限性而無法成為有效的基礎，而普遍主體的人類則是太過模糊而無法理解。由於自由同樣是人類的特色，所以他也會遭遇之前所有已令上帝無法成為基礎的問題。對自由提出的堅持，就好像是在毫無根據的情形下提出的堅持。如果自由意謂著不可知，那麼人類就會變得像上帝一樣不可理解，就連對他自己也是一樣。於是，在人類權力的高峰上，他是自我盲目的。人類是世界中心的謎題。他是一切事物的底線，卻不能在世界中被再現。相反地，他是世界中心上一個縈繞不去的缺席。

人類被提升至這種準神的地位當然是一件令人自滿的事情。覺得全世界都有賴於我們，而且還會隨著我們的消失而消失，這是十分令人滿意的。但這同時也是焦慮的有力來源。這意謂著沒有任何事物擁有足夠獨立於我們的存在，從而無法與我們進行對話，藉以確保我們自己的價值與身分。所有對話都變成自我對話，就像試著和自己打曲棍球一樣。賦予我們至高價值的，正是同時腐蝕這種至高價值的。身為我們自己歷史的作者，我們可以自由地做我們想做的任何事情；然而，由於發明這些規則的人是我們，所以這樣的自由似乎是荒謬而缺乏根據的。我們是無人敢忤逆的絕對君主，但我們的存在卻似乎隨著我們權力的增加而日漸失去意義。使我們特別的，也是使我們孤獨的。我們永遠都得和自己耗在一起，就像在雞尾酒會裡被迫和一個令人無法忍受的無聊傢伙在一起一樣。

因此，人類被推翻的時機也成熟了，這場政變尤其是由尼采所發動。尼采指出上帝已死，表示我們已經不再需要形上基礎了。只有怯懦與多愁善感的懷舊才會使我們受到形上基礎的束縛。我們早已不再信仰絕對價值，只是無法承認這個事實而已。謀殺上帝的人，是我們；透過我們日漸世俗化的行為，我們丟棄了我們自己的形上基礎，而這使得我們更應該藏匿上帝的屍體。我們是神性的暗殺者，卻膽怯地否認我們的決定。而這樣的否認正是使得重病末期的上帝得以繼續存活的人工呼吸器。尼采，如同他的後現代子弟們，只是要求我們供認一切。我們像一對婚姻關係早在多年前便已結束，但就是不願意承認的夫婦。我們的作為是矛盾的，主張與行為荒謬地相左。一個銀行家或政客或許會宣稱他信仰絕對價值，但你通常只需觀察他的作為便會發現他並非如此。你並不需要凝視他的靈魂。白宮宣稱他們虔誠地信仰上帝，但顯而易見地並非如此。

對尼采而言，用人類來取代上帝並沒有什麼意義。這不過是另一個用來避免面對上帝之死亡的狡猾計謀。用人本主義的偶像崇拜來取代宗教的偶像崇拜並不會獲得什麼。這兩種信條若非一併成立，就是一起失效。上帝的死亡必然會導致人類的死亡，因為人類不過是上帝在世上的化身。很反諷地，這正好是基督教教義的顛倒。對基督教信仰而言，一個人（耶穌）的死亡是作為一種復仇父神形象的上帝的死亡。上帝不再是個無人之父，而是朋友、愛人與同樣的受害人。若用拉岡的術語來講，就是一個主導意符（master signifier）被一個骯髒的殘餘（excremental remainder）所取代。尼采試圖攻擊的，便是這種父神形象的上帝，卻不曉得這等於是二次殺害上帝。我們必須要有勇氣過相對的、暫時的、缺乏基礎的生活。或者，更正確言之，我們必須坦承這便是我們的生活方式，使得我們的信念能夠與我們的實踐相符。我們所說的話，必須扎根於我們的實際作為；否則它會完全缺乏說服力。

以這種方式，尼采期待布爾喬亞的文明會進入一個後形上學的時代。諸如上帝、自由、國家與家庭等等的偉大絕對價值雖然可以擔保社會的穩定性，但它們也有可能會妨礙你的獲利。當金錢與形上學必須攤牌的時候，失敗的一方將會是後者。由於體系必須找出新的方法來正當化自己，所以出現了一句後尼采的措詞來作為驚人的徹底解決方案：「完全不要試著正當化自己。」或至少是「不要試著以終極的方式來正當化自己」。正當化是問題的一部分，而不是解答。在任何一種意義上，這都是無意義的循環，因為你對自己所作所為的辯護必然是以援引自你所試圖辯護的生活形式的語言來進行。令我們感到痛苦的，是新教徒對自我證成的執迷。畢竟，到底誰是我們自我證成的對象？

在相信基礎與作為一個基要主義者之間，是有差別的。你可以相信人類文化有基礎，卻不用成為一個基要主義者。的確，究竟什麼叫作基要主義，是一個值得探究的問題；至少，我們可以留意這樣的事實，即基要主義在蒙大拿州與中東都是一樣活躍。

在一種意義上，我們每個人都是基要主義者，因為我們都懷有某些根本的信念。這些信念並不需要是論證確鑿或是充滿熱誠，或甚至是特別重要的；它們只不過是對你的生活形式而言是根本的。你並不需要隨時準備好要為它們送命；儘管你總是可以為了某個微不足道的信念奮鬥而死，更不用說是為了某個虛偽的信念了。相信什麼事情都不值得，就和相信輪迴轉世與相信世界受到猶太人的陰謀操控一樣，都是一種基本信念。我的信念有某些（例如我不想在默林加〔Mullingar〕度過我的餘生）是十分暫時性的，意思是說我能夠想像自己改變對這些事情的看法。或許並不需要花費很大的功夫，便可以說服我認為在生活品質的面向上，默林加要勝過溫哥華。

然而，我有一些其他信念（例如認為亨利・季辛吉〔Henry Kissinger〕並不是世界上最令人尊敬的人）在我的身分認同中具有深刻的地位，因此我若不如此主張，我就會變成一個完全不同的人。這並不是說我獨斷地拒絕接受任何可以證明季辛吉並不如我想像中那麼惹人厭的證據；而是說接受這樣的證據，將會使得我的身分認同產生重大的改變，使得我好像是完全拋棄了我的身分認同一樣。如果季辛吉其實是一個飽受誤解的害羞、溫柔的老泰迪熊，那麼我的身分認同就應該隨之進行改變。

事實上，正是因為我們有這些基本信念，我們才能夠說得上是具有身分認同。到了最後，有某些信念是我們無論如何努力都無法拋開的；無論這樣的忠誠是令人敬佩的還是令人厭惡的，它們都界定了我們的身分認同。有些最深層的信念是只有在一種侷限的意義上才能夠被稱為是由個人所選擇的，而這正是不能完全用唯意志論來解釋。你不能像決定不要梳中分頭一樣地決定不再成為道教信徒或托洛斯基主義者。做你自己，便是去做你認為重要或是認為值得去做的事情。當然，你的這些想法可能會改變；但如果這樣的改變夠深刻，那麼同樣會出現一個有這類優先順序的新身分認同。在我們的眼裡看來，一個真切相信「什麼事情都不重要」的人，與一個因為覺得「什麼事情都不重要」似乎具有符合潮流的「反階層」色彩而如此主張的人，不太可能會是相同的人。我們只需要觀察他們五分鐘內的行動，便能了解他們實際上是否如此相信。

因此，基要主義並不是一個是否具有某些基本信念的問題。但它也不是一個關於你如何持有這些基本信念的問題。你並不會僅僅因為你表達信念的方式是優雅而猶豫、謙卑的，而且每隔幾分鐘就謙虛地坦承自己有可能是錯的，所以就不再持有基要主義的信念。左翼史學家A. J. P. 泰勒（A. J. P. Taylor）在申請成為牛津莫德倫學院（Magdalen College）研究員的面談裡被冷酷地問到他抱持極端政治觀點的說法是否屬實，他的回答是沒錯，只不過他是以中庸的方式抱持這樣的觀點。

相較之下，有些人是以極端的方式抱持中庸的政治觀點，舉例言之，那些對諸如種族歧視與性別歧視等特定政治議題大聲疾呼，卻在其他議題上抱持一貫中庸路線的人。或許，泰勒是在間接諷刺地表示他並不如外界所認為般那麼相信他應該相信的事情；或者，他的意思也可能是他的確相信他所相信的事情，只不過他在向其他人表達他的看法時，並不會把其他人吊在屋樑上而且蒙住他們的嘴巴。事實上，這可能是他最為根本的信念之一。

智識威權主義的對反之物並不是懷疑論、冷淡，或者是相信真理永遠只處於中庸之中。它的對反之物是願意接受你會狂熱地支持你的基本原則，就像我會狂熱地支持我的基本原則一樣。事實上，只有藉由認知到這點，我才能打敗你的尼安德塔偏見。寬容與抱持特定立場並不是不相容的。並不是說，寬容永遠是種喃喃低語，而抱持特定立場就是大聲叫囂。寬容的對反並不是狂熱的堅信。只不過在狂熱的寬容堅信者間，有一種信念，即他人大體上是與他們自己一樣擁有發表意見的權利。而這並不表示他們這樣的主張是言不由衷的。

之所以說是「大體上」，是因為這並不代表任何人都擁有就任何事進行爭論的自由。幾乎沒有人會相信言論自由。在缺乏任何證據的情形下，公開指稱他人為戰罪犯的人是可以被公正地起訴的。基要主義者及其批判者之間的差別，並不在於對意見的審查，因為幾乎每個人都支持意見的審查。基要主義並不僅僅只是心胸狹窄；事實上存在許多心胸狹窄的非基要主義者。舉例言之，基要主義者與反基要主義者都認為讓五歲孩童觀賞色情電影是令人作嘔的，而許多反基要主義者則認為應該禁止在公共場合裡表達對種族歧視的看法。於是，我們似乎還是無法回答基要主義到底是由什麼所構成。基要主義不是關於主張基本觀點，或意見審查，或甚至是教條主義。它也不必然是關於將你的意見強加於他人身上。耶和華見證會（Jehovah's Witnesses）成員是基要主義者，但他們卻不會拿著一把槍闖進你家裡，而是謹慎地把一隻腳踏在你的門前。

耶和華見證會成員之所以是基要主義者，是因為他們相信聖經裡的每一句話在文義上都是真實的；的確，這正是基要主義唯一站得住腳的界定。基要主義是關於文本的。[7]它是一種使我們的言說有效的方式，將言說奠基在由上帝的話語所形成的金本位制上，將上帝視為意義的最終擔保者。它意謂著嚴格地信守經文。它是一種對即興、即席或不確定的擔憂，同時也是一種對過度與模糊的恐懼。伊斯蘭教與基督教的基要主義都譴責偶像崇拜，但它們也都把神聖經文視為偶像。蓋達可以意謂著法律、語詞、基地或原則。

這種神聖文本比生命本身更重要的信念，可以帶來暴力的結果。聖經與可蘭經都可以使高樓夷為平地。「字句是叫人死」這句聖經裡的話語悲劇性地在當今世界中獲得確認。當麥加的第三十一女子中學在二〇〇一年三月十一日發生火災時，宗教警察強迫一些逃出來的女孩返回火場，因為她們沒有穿上外袍與戴上頭巾。十四名女孩死亡；許多人則受到重傷。在世界上的另一個地方，一個希望用核子飛彈來攻擊伊拉克與北韓的熱愛家庭、崇尚生命權的人士，當著一個為人墮胎的醫生的家人面前，用槍射殺了該名醫生。

基要主義者看不出「神聖的文本」是一個自相矛盾的詞彙；沒有任何文本會是神聖的，

---

7 基要主義還不「只」是關於文本的：它同時也涉及對傳統教條與信仰的嚴格持守，對於被認為是某宗教之永遠不變的基本信仰的信念等等。但依照字面意義所做的詮釋是基要主義的本質。

因為文本的每個部分都會因為多樣性的詮釋而變得世俗（或誤用）。文本只是意謂著它的意義可以由任何地方的任何人來加以決定。被寫下的意義是不衛生的。它同時也是濫交的，隨時準備與任何前來的人發生關係。如同物質，基要主義者眼中的語言太具生殖力，不斷地在繁殖與增生，沒有辦法一次只說一件事情。我們只有透過語言才能獲致明晰性，但語言本身卻是明晰性的威脅。然而，如果沒有明晰性，如果沒有任何意義可以免除隱喻與模糊性的危害，那麼，我們如何能夠在一個變遷迅速且難以捉摸的世界裡，為我們的生命建構出一個足夠堅實的基礎？

這並非是一種應該受到嘲弄的焦慮。在一個人們被要求在隔夜重新創造自我的世界裡，在一個退休金瞬間就被企業的貪婪與詐欺一筆勾消的世界裡，或是在一個所有生活方式都被隨意地棄置在垃圾堆的世界裡，想要找出某種堅實的陸地並不會是什麼古老而有趣，或是未受教育的想法。覺得自己踩在虛空之上並不會是太愉快的感覺。大多數人都期待他們的個人生命裡有某個安全的所在，那麼，為什麼他們不能要求在社會生活裡也同樣有某個安全的所在？提出如此要求的人並不見得就是基要主義者。

基要主義只是這種欲望的一種病態形式。它是一種為我們的存在找出堅實基礎的神經質探求，它無法接受人類的生活並不是關於踩在虛空之上，而是關於踩在「崎嶇不平」的地上。從基要主義者的觀點看來，粗略只能是明晰性與準確度的災難性缺乏，就像一個覺得我們在測量埃佛勒斯峰高度時，若不能準確到最後一公釐，我們便無法了解它究竟有多高的人一樣。基要主義會認為身體與性慾僅僅只是必須被壓抑的危險，這一點都不足為奇，因為在某種意義上，所有血肉都是粗鄙的，而在某種意義上，所有性行為都是暴力的。[8]

就聖經的基要主義而言，光是一個例子便足以揭示其荒謬性。新約路加福音的作者路加或許明白耶穌可能誕生於加利利（Galilee），然而，如果耶穌是彌賽亞，他就不能出生在窮鄉僻壤的加利利，而是要出生在猶太（Judea），因為預言說彌賽亞將出生於大衛之家（house of David），不然就會像有個公爵出生在美國印第安那州的蓋瑞一樣。因此，路加很聰明地捏造出一個毫無歷史根據的羅馬人口普查，這個人口普查要求羅馬帝國裡的每一個人都必須回到他們的出生地進行登記。因此，本身屬於大衛之家的耶穌父親約瑟（Joseph），便與懷孕的太太馬利亞一同回到大衛之城伯利恆（Bethlehem），於是耶穌就很方便地出生在那裡。透過這個虛假的敘述工具，他為自己取得正確的血統。

大概沒有什麼羅馬帝國人民普查的辦法，會比要求所有人民回到出生地進行登記更加荒

8 譯注：作者在這裡混用了 rough 的幾種意義。

謬。為什麼不叫他們就地登記？這種回到出生地的魯莽作法會使羅馬帝國整個亂成一團。而且，如果公元一世紀真的曾經出現過如此大量的人口遷徙，我們一定會從遠比路加福音的作者更可靠的來源知道這件事情。

基要主義者漂泊在社會生活的崎嶇地面上，懷念著過去由絕對必然性所構成的純粹冰面，在那裡，你可以思考，卻無法行走。基要主義者其實是更病態的保守主義者，因為保守主義者同樣認為若完美的規則與準確的限制並不存在，就只會存在混亂。由於不可能出現關於規則適用的規則，所以混亂必然迫在眉睫。保守主義者熱中於所謂的閘門論證[9]：一旦你允許一個人在未被宣判長期徒刑的情形下離開車子，那麼，早在你還沒明白發生了什麼事之前，所有駕駛就都會丟下他們的車子，所有道路就會變得無法通行。閃閃發光的清楚法律、鉅細靡遺的界定與不證自明的原則是橫阻在我們與文明崩潰之間的一切。其實，相反的看法才是真實的：與犬儒主義或不可知論相比，基要主義的偏執原則更可能會帶來文明的毀滅。那些畏懼與憎恨非存有的人們竟然會隨時準備好要毀滅他人，這實在是一件十分諷刺的事。

保守主義者或基要主義者的問題是，一旦你脫口說出「法律」或「規則」，並不會阻止

9 譯注：即一旦打開水閘之後，所有水都會湧進來，無法控制。

混亂的發生，反而會引發混亂。規則的適用是一種充滿創意而永無止境的事情，比較像是了解如何從樂高積木堆出泰姬瑪哈陵，而不是遵守紅綠燈的信號。維根斯坦提醒我們，網球裡頭並沒有關於發球要拋得多高或回球要用多少力道的規則，但網球卻仍然是一種有規則的運動。至於法律，沒有什麼比《威尼斯商人》裡波西亞（Portia）守法的詭辯更能夠顯示出它的模糊曖昧。藉由向法庭指出在夏洛克取得一磅安圖尼歐（Antonio）肉的借約裡，並沒有提到可以取得他的任何一滴血，波西亞解決了安圖尼歐的困境。

然而，沒有任何真實的法庭會允許這麼愚蠢的論證。沒有任何一個文本可以寫盡它所有想得出來的意涵。你也可以宣稱夏洛克的借約中沒有提到是否可以使用刀子，也沒有提到夏洛克在切肉時是否應該把頭髮梳成頗為迷人的馬尾。波西亞對借約的詮釋太過忠實，因而也是錯誤的：這是一種基要主義的詮釋，拘泥於文本的文字，從而明目張膽地使它失去意義。嚴格地說，詮釋必須是充滿創意的。它必須援引自對生活與語言運作方式的默示了解，以及永遠無法被準確表述的實際操作，而這正是波西亞拒絕照辦的。如果我們想要盡可能地明晰，一定程度的粗略是不可避免的。

基要主義者企求一個堅實的世界基礎，通常是一個神聖的文本。我們已經了解，文本可能是最不適合這種目標的東西。缺乏彈性的文本就像缺乏彈性的弦一樣，是一種怪誕的念頭。在這方面，我們可以把基要主義與被稱為卡巴拉（Kabbalah）的異端猶太教傳統詮釋進行對照；卡巴拉對神聖文本抱持驚人的自由態度，以違背本義的方法進行詮釋，把它們當作密文，將之與祕教最奧祕的意義進行連結。對於某些卡巴拉主義者而言，經文裡存在著消失的文字，一旦這些文字被回復後，經文的意義將會出現重大的改變。對於其他卡巴拉主義者而言，經文裡字與字的間隔本身就是消失的文字，上帝終有一天將會教導我們如何進行詮釋。

對於基要主義者而言，消失的文字並不存在。他企求以死亡來支撐生命；用一個死亡的文字來支撐活人。一旦聖經或可蘭經的文字出現混亂，整個基礎便隨之晃動。在一時疏忽下，馬太福音說耶穌同時騎著公馬與驢子前往耶路撒冷，那麼，上帝之子一定是一隻腳騎著一匹動物。如果文字要賦予生命死亡的確定性與最終性，那麼它就必須被僵化地進行防腐保存。意義必須是完美的與貨真價實的。一旦承認「銀行」這個字具有一種以上的意義，那麼，早在你弄清楚發生了什麼事之前，它就會具有從「預期」到「葡萄球菌」的各種意義。

然而，這裡存在著一種弔詭。基要主義是一種戀屍癖，愛戀著文本的死亡文字。它對待文字就好像對待事物一樣，像黃銅燭台一般充滿重量與完美無缺。然而，它這麼做的原因卻是要將文本的某些意義永遠保持不變，而意義本身並不是物質的。因此，對於基要主義者而言，理想的情形是擁有意義，卻沒有書寫的語言，因為文本是易腐的、形下的與易於受污染的。對如此空洞的真理而言，語言是一種低賤的載具。基要主義者對文字物質軀體的輕蔑（文字僅僅因為它乘載著不朽的真理而寶貴）與它對人類生命的麻木是相關的。它隨時準備要摧毀一切創造以保存理念的純粹。這顯然是一種瘋狂。這種對純粹的欲望是一種對非存有的欲望。因此，我們現在可以來討論這個主題了。

第八章

死亡、邪惡與非存有

Death, Evil and Non-being

基要主義者基本上是有戀物癖的人。就佛洛伊德看來，物神是你用來填滿某種不祥空缺的任何東西；使基要主義者感到沮喪而必須趕緊加以填滿的虛空，便是人類存在模糊、粗糙、自由的本質。非存有是基要主義者的最大恐懼，教條則是他們用以填滿的東西。

這是一種薛西弗斯式的徒勞，因為我們是由非存有構成的。愛爾蘭哲學家喬治・柏克萊（George Berkeley）說道，「我們愛爾蘭人通常會認為某物與無物是接近的。」人類意識本身並不是一個物，只有藉由它在觀察什麼或思考什麼才能加以界定。就其本身而言，它是完全空虛的。或許是最偉大的英國哲學家大衛・休謨（David Hume）指出，當他望向他的心靈時，他找不到任何全然屬於他自己的東西，他只能找到對其他東西的察覺或知覺而已。此外，由於我們是歷史的動物，所以我們永遠處於「成為」的過程中，始終在我們自己之前。因為我們的生命是一個計畫，而不是一連串的當下片刻，所以我們永遠無法獲致像一隻蚊子或一把耙子一樣的穩定同一性。

因此，諸如「把握現在」、「打鐵趁熱」、「活在當下」、「有花堪折直須折」之類的勸告注定是種不成熟的看法。事實上，正是由於我們無法活在當下的事實（當下對我們而言，永遠是個尚未完成計畫的一部分），使得我們的生命從記事轉化為敘事。活得像金魚一樣並沒有什麼特別可貴之處。我們沒有辦法選擇過著非歷史的生活：就像死亡一樣，歷史也是我們的命運。

的確，在一個真的可以折抵未來的社會裡，田野裡百合花的生活也許是值得仿效的，儘管我們很難明白那會是怎樣的一種生活。若我們果真能夠活在當下，我們的存在顯然將不會如此混亂。然而，借用詩人愛德華．湯瑪斯（Edward Thomas）的話來講，當我們直入當下的核心，我們體會到的，將會是一種永恆。如同維根斯坦所言，如果永恆存在，那麼它就存在於此時此地。而永恆並不適合我們。對人類而言，始終會有更多的存有出現。我們不是一種「現在」，而是一種「尚未」。我們的生命是一種欲望的生命，而這種欲望的生命鑿空了我們的存在。如果自由是我們的本質，那麼我們必然會躲避任何對我們自己的徹底界定。而如果我們同時也是一種自相矛盾的動物，卡在天地之間、卡在動物與天使之間，那麼我們會更加拒絕被界定或再現。

人類是生物中的弄臣，風景中心暗沉的污跡，世界的光榮、笑柄與謎題。就巴斯卡看來，人性是一種畸形，「一個超越所有理解的怪物」。我們是不可思議的、混亂的與弔詭的：「羸弱的蚯蚓、真理的寶庫……宇宙的光榮與廢物！」[1] 他的結論是，人類「超越了人類」。

1 Blaise Pascal, *Pensées*, London, 1995, p. 34.

對我們而言，違反或超越我們的天性是一件再自然不過的事情。就黑格爾看來，純粹的存有是全然不確定的，因而幾乎無法將它與空無區別開來。就叔本華看來，自我是一個「無止境的虛空」。對無政府主義者馬克斯・史提納（Max Stirner）而言，人性是一種「創造的空無」。對馬丁・海德格而言，要過真切的生活，便需要擁抱我們自身的虛無，接受我們的存在乃是偶然的、無理由的與無從選擇的。對佛洛伊德而言，無意識的否定性滲透了我們的一言一行。

為了使我們覺得自己是不可或缺的，我們有意識形態；為了提醒我們自己並非是不可或缺的，我們有哲學。要正確地了解世界，便需要從世界的偶然性角度來進行了解。而這意謂著透過它自身潛在的非存有陰影來進行了解。阿多諾寫道：「所有的存有都是透過它的可能非存有而被經歷的。只有這樣才能使它成為一種被感知的完整存有……」[2]要真正地了解某物，便是要讚頌它存在的巧妙意外。在這個沒有基礎的時代裡，為了要成為真實的藝術作品，現代主義的藝術作品必須要能夠表達出它也可能從來就不曾存在的事實。以暫時的方式對待自己，是它可以最接近真實的方式。這是反諷之所以在現代主義裡廣受歡迎的原因之

2 Theodor Adorno, *Minima Moralia*, London, 1974, p. 79.

一。

同樣地，人類也必須過著反諷的生活。要接受我們自身存在的毫無理由性，首先便需要在死亡的陰影下生活。沒有什麼會比我們必然會死的命運更能夠生動地闡釋出我們是多麼地不必要。於是，接受死亡將會使我們過更加豐富的生活。藉由認知到我們的生命是暫時的，我們將可以不再神經質地緊握自己的生命不放，從而能夠更加享受生命。在這種意義上，擁抱死亡的對反，是對死亡抱持一種病態的幻想。此外，如果我們可以時常提醒自己死亡的事實，我們的舉止肯定會比現在更具有德行。如果我們永遠是在死亡的面前活著，我們將會更易於原諒我們的敵人，修補我們的關係，放棄買下貝斯瓦特（Bayswater）的房屋而把所有房客趕出去的計畫。[3]我們之所以沒有這麼做的部分原因，在於我們以為自己會永遠活著。不朽與不道德是緊密連結的。

對我們來說，死亡是陌生的，同時也是親密的，它既不是完全生疏的東西，也不是完全屬於我們的東西。在這樣的範圍上，我們與死亡的關係如同我們與其他人的關係，因為他們同樣既是伙伴，又是陌生人。或許，死亡並不真的完全像是一位朋友，但它也並非完全像是

3 譯注：疑指彼得・拉希曼（Peter Rachman），英國最惡名昭彰的地主。

一個敵人。如同朋友一樣，它可以使我明白自己，但它告訴我的方式卻是像敵人一樣，是我所不願意接受的。死亡可以提醒我我的生物性與有限性，我的存在的脆弱、短暫性質，我的貧困以及他人的易受傷害性。藉由這樣的學習，我們可以把事實轉化為價值。藉由將死亡以這樣的方式織入我們的生命，死亡可以變得不再那麼令人畏怯，不再是種僅僅要使我們感到痛苦的可怕力量。當然，它的目的的確在於令我們感到痛苦；然而，在這樣的過程中，它可以告訴我們應該如何生活，就像一位朋友一樣。

不過，死亡並不只是給予我們朋友的忠告而已。朋友可以將我們從死亡的手中拯救出來，或至少是幫助我們化解死亡的恐怖。死亡對我們所要求的絕對自我棄絕，是令人無法忍受的，除非我們曾在生命中對這種絕對的自我棄絕進行過某種習練。友誼的自我奉獻是一種小型的死亡（petit mort），它是一種有死亡內在結構的行動。而這無疑是聖保羅所說的箴言「我們無時無刻都在死亡」的一種意義。在這樣的意義下，死亡是社會存在本身的內部結構之一。古代世界認為社會秩序必須要透過犧牲才能獲得鞏固的看法是完全正確的。只不過古代世界通常是以獻酒或屠宰羔羊來理解這樣的犧牲，而不是以相互自我奉獻的結構來理解。一旦這種自我奉獻的相互性與全面性成為社會制度的秩序，那麼犧牲所意謂的某些人必須為了他人之故而放棄自己幸福的令人討厭意義就會變得不那麼必然了。

一個迴避死亡的社會，通常也會是一個容易因為外人而驚慌的社會。死亡與外人都指出我們自身生命的侷限，以令人不快的方式相對化我們的生命。然而，在一種意義上，所有他者都是外人。我的身分認同有賴於他者提供的維護，而這（因為他們是透過他們自身的利益與欲望的厚網來了解我）絕對不是一種完全安全的維護。我從他者那裡收回的自我總是有點毀損的；它受到他者自身欲望的粗暴對待——而不是他者對我的欲望。然而，我還是只能藉由歸屬於一種從來就不是我個人財產的語言，我才有辦法了解我是誰，或是我的感覺是什麼。他者才是我的監護人。如同哲學家梅洛龐帝所言，「我從他者那裡借來自我。」[4]只有透過我與他人共享的語言，我才有可能會具有意義。

這個意義並不是我可以完全擁有的，就連形塑它的那些人也是一樣。這是因為它並不僅僅只是他們對我所抱持的意見。若果真如此，只需要詢問他們對我的看法就夠了。它是關於我的存在出現於他們自身生命之內的方式，而這種方式無論是我或是他們都無法完全有意識。若要追蹤我最微不足道的行動或是我單純在世上的出現會對他人所產生的連帶影響，我得雇用一整群研究者。這並不是現在才有的想法；這也是偉大的佛學家龍樹（Nagarjuna）

4 Maurice Merleau-Ponty, *Signs*, Chicago, 1964, p. 159.

的教誨的一部分，對龍樹而言，自我是沒有本質的，因為自我是與無數他者的生命緊密相繫，是他者選擇與行為的產物。它無法脫離這張意義之網。此外，我們生命的意義在死亡之後仍將會改變：未來永遠會改寫我們，或者從當時的悲劇牽引出喜劇，或者從當時的喜劇牽引出悲劇。這是為什麼你過的生命所具有的意義必然是你無法掌握的另一種意義。你究竟是什麼的問題並不會隨著你的死亡而結束。

死亡向我們顯示出我們生命的不可掌控性，因而也顯示出試圖掌控他人生命的虛假性質。如果我連自己都控制不了，那麼我幾乎不可能要求他人的立即順從。只有藉由不苛待自己，藉由你對自己並沒有最終支配權、你對自己是個陌生人的接受，你與自己的關係才能成為你與他人關係的範式。「待人如己」，不過，看到某些人對待他們自己的方式，我們寧可不要受到這樣的對待。而這意謂著放棄以意志來處理死亡的意識形態。

這正是基要主義者辦不到的。他沒有辦法接受偶然性。他的生命設想著死亡，但卻是以全然錯誤的方式。死亡的現實非但沒有使他不再神經質地抓住生命不放，反而讓他抓得更緊。基要主義者試著透過狡猾的策略來勝過死亡，亦即將死亡的絕對論投射到生命之上，從而使得生命本身變成是永恆的、不朽的。然而，基要主義者因此所愛的便是生命嗎？還是死亡？我們必須找到一種不愛上非存有而與之共存的方法，因為愛上非存有只是死亡驅力的另一種表現形式。死亡驅力引誘我們摧毀自己，藉以獲致空無的絕對安全。非存有是終極的純粹。它擁有所有否定的潔白無瑕，如同一張白紙般完美。

因此，基要主義有一種深刻的弔詭。一方面它畏懼非存有，畏懼物質世界到處瀰漫的純粹無根據性，所以想用第一原則、僵化的意義與不證自明的真理來堵塞存在於這個搖搖欲墜的結構之中的缺口。世界的偶然性與即興氣氛提醒了基要主義自己很可能不再存在的事實，而這樣的事實是基要主義無法忍受的。基要主義畏懼虛無主義，卻未能注意到虛無主義僅僅只是它自己的絕對論的鏡像。虛無主義者幾乎永遠是個幻滅的絕對論者，一個有著形上學父親、戀母情結的反叛兒子。如同他的父親，他認為價值若非絕對，則完全沒有價值存在。如果父親是錯誤的，則沒有任何人會是正確的。

無論如何，在虛無主義與基要主義之間還有更深刻的相近性。如果說基要主義憎恨非存有，它同時也受到非存有的誘惑，因為沒有什麼事物會比非存有更不會遭到錯誤的詮釋。非存有是變動性與模糊性的敵人。你不能對非存有的意義進行爭辯，因為它完全沒有意義。它就像道德律則一般是絕對與無誤的，像零一樣是明白不含糊的。基要主義者是禁欲的，他想滌除世界裡所有過剩的物質。在這樣的過程中，他可以滌清世界上令人作嘔的隨意性，將它簡化至嚴格的必然性。禁欲者反對物質巨大的生產力，因而渴望著空無。對他而言，周遭實在有太多的存有，尤其（從伊斯蘭原教旨主義者看來）是在西方世界。

禁欲者認為他周遭的一切全都是物質猥褻的過剩，而這些過剩的物質在消費主義的狂歡中狼吞虎嚥（美國的基要主義者比較不會為這種物質的過剩感到困擾，他們之中有某些人還頗熱中於猛吃）。像某種可怕的細胞外質層，這團臃腫的物質流溢至每種空間的邊緣，並用自己填滿每個罅隙。它的無限性是一種對不朽的恐怖諧仿，令人聯想到死亡，而它的活力的唯一目的僅僅在於隱藏自己的致命性。死亡將我們化約為全然無意義的物質，而這種無意義的物質狀態正是商品所預示的。儘管商品有華麗的情慾，它卻是死亡的寓言。

如果這團不斷增生的物質是偶然的，如果它一開始便沒有任何存在的理由，那麼，似乎沒有任何事情可以阻止你摧毀它。這便是英文文學裡的第一個自殺炸彈客（康拉德《祕探》〔*The Secret Agent*〕裡的瘋狂無政府教授）的計畫。這位教授所要摧毀的，便是無目的的物質的猥褻。或許物質首次災難性的出現便是人類的墮落（the Fall）。或許人類的墮落與創世是同時發生的，因此只有猛然消滅存在的一切才能拯救我們。這位教授是個毀滅天使，他僅僅因為毀滅自身之故而喜愛毀滅。於是，他所從事的毀滅是創世的鏡像，因為創世本身也同樣就是目的。

死亡驅力並不是有目的的敘事，而是所有敘事的毀滅。它僅僅為了摧毀的猥褻樂趣而進行摧毀。完美的恐怖主義者是一種達達主義者（Dadaist），他打擊的不是意義的某個部分，而是意義本身。他相信，社會所無法消化的，乃是無意義；過於怪異而無動機的事件會造成詞窮，從而解消意義。或者，只有在我們所做的一切經歷了無從想像的轉變之後，這些行動的意義才可以被理解，而這種轉變是如此絕對，所以幾乎等同於死亡本身的形象。

在納粹的敘事裡，可以同時看到這種對非存有的熱愛與憎恨。一方面，納粹熱愛死亡與非存有，為毀滅與死亡的狂亂所攫獲。他們僅僅為了要消滅猶太人而消滅猶太人，沒有任何重要的軍事或政治目的。另一方面，他們之所以謀殺猶太人，則是因為猶太人似乎具形化了一種他們所畏懼與憎恨的恐怖非存有。他們之所以畏懼的原因，是因為它表示出一種存在於他們自己內部的可怕非存有。如果說納粹主義充滿了自大的修辭與誇張的理想主義，那它同時也充滿了令人作嘔的空虛。

所以，我們可以說納粹展示出「邪惡的兩種面貌」（two faces of evil）。白宮使用「邪惡」這個詞彙來當作阻止任何分析方法的事實，不應妨礙我們認真對待它。自由主義者往往會低估邪惡的重要性，保守主義者則往往會高估它的重要性。另一方面，一些後現代主義者主要是從恐怖電影來了解邪惡。在反對自由派的理性主義者與多愁善感的人文主義者對邪惡現實性的低估上，保守主義者明顯是正確的。他們指出邪惡駭人的、猥褻的、精神創傷的本質，它無情的惡意、它虛無的嘲弄、它對被引誘或勸服的犬儒抵抗。不過，自由主義者認為不存在著什麼超越東西的主張是正確的。沒有什麼比邪惡更加世俗、更加普通。即便是輕微剝奪雙親對我們的關愛，都有可能會把我們變成惡魔。

有一種類型的邪惡尤其神祕，因為它的動機並不是為了某些特定的理由而摧毀某些特定的存有，而是僅僅為了否定存有而否定存有。莎士比亞筆下的依阿高（Iago）似乎就屬於這種罕見的類別。漢娜·鄂蘭（Hannah Arendt）認為大屠殺並不是一個因為人類的理由而屠殺人類的問題，而是一個為了摧毀人類的概念而如此行為的企圖。[5]這種類型的邪惡是一種對神聖的惡魔諧仿，在毀滅的行動中試圖得到上帝在創世行動中所能得到的那種情慾亢奮的宣洩。它是一種虛無主義的邪惡，在面對任何「只要是跟人類有關，便是至關重要」的一整套莊嚴的鬧劇假設時的一陣嘲笑。在它那種粗鄙的博學方式裡，它以揭發人類價值不過是一場做作的騙局為樂。它是一種對存在之所以如此的狂暴性、報復性憤怒。它是納粹集中營的邪惡，而不是暗殺者或甚至是為了某種政治目的而實行的大屠殺的邪惡。它也不是和絕大多數的恐怖主義相同的邪惡，因為絕大多數的恐怖主義雖然是惡意的，卻仍然是有意義的。

5 見 Richard J. Bernstein, *Radical Evil*, Cambridge, 2000, p. 215。

邪惡的另一種面貌正好是以完全相反的方式出現。這種邪惡想要摧毀非存有，而不是創造非存有。它認為非存有是令人厭惡、不潔與險惡的，是一種對個人自我整全性的無名威脅。這種對個人身分認同的可怕滲透本身並不具有任何明白的形式，從而在它假定的受害者身上引發了迫害妄想。它無所不在，但也完全不存在。於是，它滋長了一種要以生活周遭的名詞與對象為這種可憎力量命名的欲望。實際上，這類名字有一大堆：猶太人、阿拉伯人、共產主義者、女性、同性戀者，或是這種組合裡頭的各種排列。他們無法接受這種說不出口的事實，即他們所宣戰的這種令人討厭、具有感染性的東西絕非是與他們完全不同的，而是與他們關係密切的。我們是由非存有所構成。他們尤其無法承認欲望，因為欲望意謂著欠缺。與其緊握他們的欲望，他們用物神來填滿欲望。這麼做的同時也使他們能夠否定最純粹的空虛——死亡，這種我們期待的核心所預示的空虛。

或許這有助於解釋何以會有這麼多的人在大屠殺裡頭遇害。在絕對毀滅的念頭裡，有一種邪惡的吸引力。吸引虛無主義的心靈的，是計畫病態的完美、無瑕的純潔，以及混亂的未解決工作或偶然殘餘物的消失。無論如何，只要這種非存有沒有被完全消滅，它就有可能會再度滋長，使得你再次坐立難安。問題在於，在其定義上，非存有便是無法被摧毀的。因此，整個毀滅計畫是瘋狂而毫無成效的，你是以在你周遭製造出更多東西的方式來毀滅非存有。

由於整個毀滅計畫陷在這種殘酷的絕望循環，所以它無法結束，這是它為什麼會吞噬這麼多生命的原因。一個更深層的理由，是毀滅的衝動愛上了自己；就像積累的驅力最後把自己當作是自身欲望的標的，像生氣的小孩一樣將碰到的諸多物件拋到一邊，從自己永無止境的動作中獲得快感。無論如何，只要你活著，你就永遠無法摧毀自己內心深處的非存有。

那種擔憂自身的存有過於飽實的邪惡涉及一種誇大的自我膨脹。對於那些認為自己太具有價值而不能死的人，他們早在活著的時候便已經歷了地獄。至於那種由佛洛伊德所稱的死亡驅力所發動，而在自我的解消中獲得猥褻愉悅的邪惡，則會試圖抹除價值本身。在現代性的時代裡，這兩種驅力成為一種致命的交織，因為所有價值的最高源頭是激烈武斷的意志，其目的在於將周遭所有事物化為空無，使它們成為無價值的與耗竭的。現代最為特出的特徵便是這種唯意志論與虛無主義的致命綜合。勞倫斯《戀愛中的女人》（*Women in Love*）裡的傑哈·克里克（Gerald Crich）明顯體現了這種綜合，他是一個僅僅由自身內在意志權力的束縛所發動的虛空。對自我的瘋狂肯定成為抵抗自我甜美而具有誘惑力的空虛的方式。邪惡僅僅是這種辯證關係推至可怕極端的表現。

簡而言之，典型的現代兩難即是使你耗盡存有的死亡驅力的表達與壓抑。事實上，貪得無厭的意志是外向的死亡驅力，它是一種以直接投入死亡的迷人擁抱來欺騙死亡的方式。現代性的主體在他自己所創造出來的虛空中主張他的普羅米修斯意志，而這種虛空卻將意志本身所有的努力化為空無。藉由將周遭世界從屬於自身之下，意志廢除了所有加諸在自身行動之上的限制，但這樣的舉動卻同時打擊了它自身英雄式的計畫。當一切都被允許的時候，沒有什麼是可貴的。像神一樣的自我在孤獨時是最痛苦的。後現代主義同樣解消了限制，但它卻連意志都一併解消了，從而可以打破唯意志論與虛無主義的致命迴路。於是，自主性的自我分解了，而自由則與宰制性的意志脫離，被重新安置在欲望的嬉戲中。

其實，邪惡的兩種面貌在暗地裡是同一個。它們的共通之處在於一種對不潔的惶恐。只不過這種惶恐有時可以以入侵你的飽滿存有的不舒服來呈現，有時則以存有本身令人作嘔的過剩來呈現。對於那些覺得存有本身具有猥褻生產力的人們來說，純潔寓居於非存有。用維根斯坦的話來講，他們的欲望就是從崎嶇不平的地面攀爬至純潔的冰面。

當然，基要主義者未必是邪惡的。然而，他之所以需要完美原則的原因在於他感到腳底下有著非存有張開大嘴的深淵。正是存有這種不能忍受的輕盈使他覺得如此沉重。目前用來取代基要主義的最熱門作法，是某種務實主義。事實上，美國現在正分裂成這兩種陣營。然而，想要用務實主義來取代基要主義，就好比主張氧氣可以滅火一樣。務實主義或許可以反制基要主義的頑固，但它同樣會滋長基要主義的頑固。正是因為務實主義的社會秩序藐視基本價值，不顧人們的虔誠與對傳統的堅持而恣意妄為，人們才會開始如此激烈地主張自己的身分認同。家庭價值與賣淫是一體兩面的。每個想要在地球上找尋新場所好進行剝削的企業總裁，都會有一個民族主義的刺客等著要下手做掉他。

無論如何，崇拜市場無政府狀態的國家必須偷偷地藏好些許絕對價值以供運用。當脫韁的市場創造出越來越多的慘禍與變動，你就更需要越來越不自由的國家來管制市場。隨著自由越來越需要由殘忍的威權工具來保障，在你實際的作為與你宣稱的信念之間的鴻溝就會越來越明顯，以致於無法再運作下去。這對僅僅企求一個殘忍而未開化的國家，而不是企求以日趨未開化的工具來保障開化價值的伊斯蘭原教旨主義者來說，並不會成為問題。

然而，當你的文明基礎著火時，理論意義上的務實主義似乎只是一種微不足道、慵懶的回應。事實上，要對抗非存有的腐蝕性意義，真正需要的是非存有的建設性意義。我們已經明白，存在著一種對非存有的迷戀，也存在著一種對非存有的否定，兩者都是某種邪惡的典型。然而，非存有還有另一種具有建設性的意義。我們可以回想愛爾蘭小說家勞倫斯・史特（Laurence Sterne）為空無的概念所做的辯護：試想「世界上還存在著更不好的事物」。事實上，解消的形式有邪惡的，也有具生產力的。這種具生產力的解消形式可以在馬克思對無產階級的形容中發現：無產階級是一種「解消所有階級的階級」，這意謂著無產階級會造成「人性的全面喪失」。無產階級代表了那些被拒絕在現存體制門外的人們的「非存有」，這些人完全沒有參與現存體制，從而可以成為另一種未來的空意符。而且，無產階級的人數仍在持續增加中。

當然，這些飽受摧殘與無依無靠的人們正是最適合基要主義滋長的土壤。在自殺炸彈客身上，無依無靠的非存有成為一種更致命的否定。自殺炸彈客並不是把絕望轉化成希望；他的武器就是絕望本身。有一種古老的悲劇信仰，認為力量來自不幸的深淵。在某種意義上，處於體制底層的人們是與體制無關的，而這使得他們可以自由地建立出另一種體制。當你的處境已經不能再糟的時候，你唯一能做的只有改善它，在挫折的面前建立起新的生命。再也沒有什麼可以失去會是極為有力的。不過，這種悲劇性的自由可以採取兩種形式：一種是像恐怖主義般具有毀滅性，另一種則是比較正面的社會變革。

我們當下的政治秩序是建立在人類剝奪的非存有之上。我們必須以另一種同樣建立在非存有之上的政治秩序來加以取代；但這裡的非存有是一種對人類的脆弱與無根據性的察覺。基要主義是一種對傲慢的絕望與病態回應，而只有這種察覺才能遏止這樣的傲慢。悲劇提醒我們，在面對非存有時要繼續生活下去是多麼困難的事。在目睹這樣可怕的事件後，我們如何還能繼續生活？同時，它也提醒我們，一種缺乏勇氣來面對創傷的生活方式，最後也將會缺乏活下去的勇氣。只有面對這場失敗，這樣的生活方式才能繼續下去。深處於我們內心的非存有會擾亂我們的夢想、使我們的計畫受挫，但它也是我們為一個更光明的未來所付出的代價。它是一種使我們對人性的開放本質保持信念的方式，因此，它也是一種希望的源頭。

我們永遠無法處於「理論之後」，因為若沒有理論，就不會有反思的人類生活。隨著我們處境的變化，我們只會用盡某種類型的思考方式。隨著資本主義的嶄新全球敘事以及相伴而來的所謂反恐戰爭的出現，一般稱之為後現代主義的思考方式現在很有可能即將壽終正寢。畢竟，後現代主義是向我們擔保巨型論述已屬往事的理論。或許，在未來回顧的時候，我們將能了解後現代主義是一種它自身所熱中的小型論述。不過，這也為文化理論開啟了一種嶄新的挑戰。如果後現代主義的目的在於與雄心萬丈的巨型歷史交鋒，它必須要擁有自己相應的資源，而這無論是在深度還是廣度上，都會與它所面對的敵手相當。儘管階級、種族與性別是絕對必要的主題，但它並不能只是再繼續重複這些主題的敘事而已。後現代主義必須奮力一搏，擺脫已經頗為僵化的正統教條，探討新的主題，尤其是那些它至今仍不願碰觸的主題。這本書便是這種探究的開端。

國家圖書館出版品預行編目資料

理論之後：文化理論的當下與未來／泰瑞・伊格頓（Terry Eagleton）著; 李尚遠 譯; -- 二版. -- 臺北市：商周出版, 城邦文化事業股份有限公司出版；英屬蓋曼群島商家庭傳媒股份有限公司城邦分公司發行；2024.07
面；　公分 --
譯自：After Theory
ISBN 978-626-390-191-9（平裝）
1. CST: 文化　2. CST: 文化理論　3. CST: 社會變遷
541.2　　113008790

線上版讀者回函卡

理論之後——文化理論的當下與未來

原著書名／After Theory
作　　者／泰瑞・伊格頓（Terry Eagleton）
譯　　者／李尚遠
責任編輯／顏慧儀、楊如玉

版　　權／吳亭儀
行銷業務／周丹蘋、林詩富
總 編 輯／楊如玉
總 經 理／彭之琬
事業群總經理／黃淑貞
發 行 人／何飛鵬
法律顧問／元禾法律事務所　王子文律師
出　　版／商周出版
城邦文化事業股份有限公司
台北市南港區昆陽街 16 號 4 樓
電話：(02) 2500-7008 傳眞：(02) 2500-7579
E-mail：bwp.service@cite.com.tw
發　　行／英屬蓋曼群島商家庭傳媒股份有限公司城邦分公司
台北市南港區昆陽街 16 號 8 樓
書虫客服服務專線：(02) 2500-7718・(02) 2500-7719
24 小時傳眞服務：(02) 2500-1990・(02) 2500-1991
服務時間：週一至週五 09:30-12:00・13:30-17:00
郵撥帳號：19863813　戶名：書虫股份有限公司
讀者服務信箱 E-mail：service@readingclub.com.tw
歡迎光臨城邦讀書花園　網址：www.cite.com.tw
香港發行所／城邦（香港）出版集團有限公司
香港九龍土瓜灣土瓜灣道 86 號順聯工業大廈 6 樓 A 室
電話：(852) 2508-6231　傳眞：(852) 2578-9337
E-mail：hkcite@biznetvigator.com
馬新發行所／城邦（馬新）出版集團 Cité (M) Sdn. Bhd.
41, Jalan Radin Anum, Bandar Baru Sri Petaling,
57000 Kuala Lumpur, Malaysia
電話：(603) 9057-8822　傳眞：(603) 9057-6622

封面設計／周家瑤
內文排版／新鑫電腦排版工作室
印　　刷／韋懋印刷事業有限公司
經 銷 商／聯合發行股份有限公司
電話：(02) 2917-8022　傳眞：(02) 2911-0053
地址：新北市231新店區寶橋路235巷6弄6號2樓

■2024年7月二版
定價 400 元

Printed in Taiwan
城邦讀書花園
www.cite.com.tw

ISBN 978-626-390-191-9（平裝）